Léon Tolstoï

# Plaisirs vicieux

essai

ISBN : 978-1532970283

10  9  8  7  6  5  4  3  2  1

# Léon Tolstoï

# Plaisirs vicieux

essai

# Table de Matières

## AVANT-PROPOS DU TRADUCTEUR

Le titre de ce volume : *Plaisirs vicieux*, se rapporte plus particulièrement aux études sur l'alcool, le tabac et les narcotiques en général, et aux articles : l'*Ivresse dans les classes dirigeantes* et *Des relations entre les sexes*.

En effet, dans ces écrits Tolstoï passe en revue plusieurs des habitudes de l'homme moderne et que l'écrivain russe taxe de pernicieuses ou vicieuses aussi bien au point de vue moral que physique.

Mais le comte Tolstoï ne s'est pas borné à critiquer et à condamner les seuls « plaisirs vicieux ». Allant plus au fond des choses, il a reconnu les imperfections de toute notre organisation sociale l'immoralité même de notre conception de la vie.

Examinant les phénomènes si variés qui se rattachent à ces graves questions, il a particulièrement insisté sur les conditions actuelles du travail, base de nos relations sociales, et aussi sur les rapports de l'Église et de l'État, ou mieux sur l'influence que ces rapports ont exercée sur les idées et les institutions religieuses et politiques de la société moderne.

J'ai donc cru bien faire on complétant le présent volume par deux études : le *Travail* et l'*Église et l'État*, qui précisément résument les idées de Tolstoï à ce sujet et d'une façon plus nette qu'ailleurs. Avec ce complément le volume présentera au lecteur français la doctrine de l'écrivain russe dans son ensemble ; et y trouvera une sorte de récapitulation rapide des résultats obtenus par lui en traitant en ces dernières années les diverses questions morales qui préoccupent avec raison tous les esprits attentifs aux souffrances humaines et intéressés à la solution équitable du problème social posé jadis par le Christ et qui demeure pendant.

Enfin la préface du maître français Alexandre Dumas fils et les lettres que plusieurs autres notabilités françaises du monde scientifique, littéraire et artistique ont bien voulu m'adresser à propos de l'article de Tolstoï sur l'alcool et le tabac[1] constituent la contre-partie non moins remarquable de la thèse soutenue par l'auteur russe.

E. H.-K.

---

1 On trouvera ces lettres à la fin du volume.

Léon Tolstoï

# PRÉFACE

## À MONSIEUR E. HALPÉRINE-KAMINSKY

Cher Monsieur,

J'ai lu l'étude du comte Tolstoï sur le vin et le tabac, comme je lis tout ce qui nous vient de cet esprit original, et, ce qui est pour moi sa grande qualité, absolu.

J'ai toujours été et je reste avec ceux et pour ceux qui poussent leurs théories à l'extrême. Ou il ne faut pas avoir de théories, ce qui est d'ailleurs le meilleur moyen de vivre tranquille, ou il faut les déduire et les mettre en pratique jusqu'à leurs conséquences fatales. Un chrétien qui n'est pas prêt et décidé au martyre n'est pas un chrétien ; un catholique qui n'accepte pas l'Inquisition ou qui discute le Syllabus n'est pas un catholique ; un libre-penseur qui se marie religieusement pour obtenir la jeune fille qu'il aime ou qui se fait enterrer par l'Église pour ne pas contrister sa famille n'est pas un libre penseur : ce sont de simples amateurs, de simples comparses dans la grande tragédie humaine. Mais ils sont les plus nombreux, il faut le reconnaître. Ils comptent dans les statistiques quand on veut prouver par le nombre ; ils ne comptent pas dans les grandes évolutions de l'espèce.

Voilà de bien grosses propositions au sujet du vin et du tabac. Tout est dans tout. Et puis, quand il s'agit de Tolstoï, il faut se préparer à aller loin si l'on veut le suivre où il va. Il n'y a pas de petites questions pour lui du moment que l'âme est en jeu.

Rien de plus simple en apparence que de fumer une cigarette et de boire un petit verre d'eau-de-vie après son dîner ou un verre d'absinthe avant. Les petits actes que quatre vingt-dix-huit individus sur cent (lui et moi formons l'écart des deux dans une des centaines), ces petits actes que quatre-vingt-dix-huit individus sur cent accomplissent quotidiennement et sans penser à mal, il les considère, lui, comme immédiatement funestes : il les tient en outre pour conscients et prémédités, ceux qui les accomplissent y cherchant d'avance, toujours selon lui, une complicité, une excuse pour des actes plus graves et bien autrement condamnables, qu'ils commettront plus tard.

Il peut appuyer son raisonnement sur ce fait que la loi elle-même a cru devoir absoudre nombre de crimes ou en atténuer le châtiment, parce que ceux qui les avaient commis étaient en état d'ivresse lorsqu'ils les commettaient. Dès lors, pourquoi ceux qui se sentent enclins à suivre tous leurs mauvais penchants ne prépareraient-ils pas longtemps à l'avance l'excuse que la loi acceptera ? S'il suffit, pour innocenter un homme qui a tué, de prouver qu'au moment du meurtre l'alcool ne le laissait plus maître de sa raison et qu'il était un familier du vice le plus ignoble et le plus dégradant qui soit, pourquoi cet homme ne boirait-il pas tous les jours et ne grossirait-il pas en lui, avec les petits verres, la source des circonstances atténuantes ? Plus on pourra prouver ce vice, plus le prévenu sera disculpé. On absout ainsi pour une cause qui devrait faire condamner doublement. Et s'il est bien constaté que le tabac, de son côté, agissait dans un autre sens sur le cerveau de l'accusé, si son avocat peut dire : « Non seulement mon client était surexcité par l'abus de la boisson, mais il était abruti par l'abus du tabac, » — la clémence et la sympathie des jurés n'auront plus de limites.

Eh bien ! pour Tolstoï, tout homme qui prend plaisir à boire un verre de vin ou de liqueur, à fumer une cigarette, un cigare ou une pipe, est en route pour le délit, pour le crime. Il le sait, il le veut, il s'y prépare, et il a une raison d'altérer, de troubler l'état de nature, de bon sens, d'équilibre et par conséquent de responsabilité où il se trouvait avant cet acte insignifiant et inoffensif en apparence. Telle est la thèse du grand écrivain russe, à l'appui de laquelle il donne les preuves les plus ingénieuses et les plus concluantes, si l'on accepte sans distinction les prémisses de son argument.

Quand il explique comment l'homme qui a pris l'habitude de boire et de fumer a recours tout de suite, s'il se trouve dans une circonstance difficile, à l'excitation qu'il sait devoir trouver dans le vin et le tabac, quand il nous démontre comment cet homme cherche ses conseillers et ses auxiliaires dans ces excitants dangereux, au lieu de faire appel à la réflexion et à la volonté, que la nature nous a données cependant bien avant le vin et le tabac pour faire face aux difficultés de la vie, il a raison. Quand il voit tant de préméditation dans le premier usage du vin et du tabac, je crois qu'il se trompe.

Il fait trop d'honneur à l'homme en le supposant capable de tant de raisonnement préventif et de tant de préméditation utilisable.

Léon Tolstoï

L'homme est plus instinctif, disons le mot, plus bête que ça. Il commence à boire un peu plus qu'il ne devrait parce qu'il trouve ça bon, qu'un verre de vin le rend allègre, que deux verres de vin le rendent badin et folichon, qu'une ou plusieurs bouteilles, et c'est ce qu'il cherche le plus souvent, lui donnent l'oubli, le sommeil, l'anéantissement de cette âme qui demande toujours quelque chose qu'il ne peut pas ou qu'il ne sait pas lui donner. Qui de nous n'a pas besoin d'oublier ou le mal qu'il a fait, ou le mal qu'on veut lui faire ?

Les hommes d'énergie et de conscience font un grand effort de réflexion, de patience, de travail ; ils se rassemblent et se concentrent ; ils veulent : ils triomphent ainsi des autres ou d'eux-mêmes, et le triomphe est d'autant plus durable et fécond qu'il a été plus douloureusement obtenu. Mais ceux qui avaient eu jusque-là la vie facile, qui n'avaient pas eu à réfléchir, pas à prévoir, qui sans même aller jusqu'à l'ivresse croyaient qu'un bon verre de vin et une bonne pipe sont de joyeux compagnons et de bons confidents, le jour où ils sont sous le coup d'un chagrin, d'une inquiétude, d'un souvenir pénible, d'un trouble de conscience, ceux-là se souviennent que cet usage du vin et du tabac les mettait dans une disposition d'esprit agréable, modifiait le cours et la couleur de leurs idées en les entraînant vers le bleu et le rose, que leur imagination en devenait momentanément plus prompte et plus inventive, qu'ils avaient plus d'esprit, d'éloquence, de décision, de courage. Ceux-là, qui sont la masse, qui sont cette pesante moyenne que les hommes de génie ont tant de peine à remorquer, ceux-là entament alors une bouteille bourrent une pipe, allument un cigare, et le nombre des verres de vin ou d'alcool et le nombre des pipes ou des cigares augmente selon la gravité des circonstances, jusqu'à ce que la résolution à prendre se présente, bonne ou mauvaise, mais ayant cet avantage de mettre fin à l'hésitation et à l'angoisse, ou, si elle se dérobe, jusqu'à ce que l'oubli, la torpeur, l'abolition complète du souvenir, du remords, de la crainte, du trouble mental se produise.

Quant au garçon de quatorze à quinze ans qui commence à fumer, il ne demande, pas plus que celui qui commence à boire, une excitation cérébrale à cette habitude nouvelle. Il imite tout bonnement les êtres barbus qu'il voit la pipe ou le cigare à la bouche. C'est pour lui un des signes extérieurs de la virilité à laquelle il aspire ; c'est le moyen le plus facile de se faire croire qu'il est déjà un homme et d'essayer de le faire croire publiquement aux autres.

Et pour prendre cette habitude déplorable, il lui faut une lutte très longue et très douloureuse avec tout son organisme. Il passe par les nausées, les maux de tête, les vertiges, les vomissements, mais il veut devenir un homme, et qui ne sait que la volonté est la plus belle faculté de cet homme qu'il veut devenir ? Autrement dit, il est une simple brute, comme nous le sommes tous plus ou moins à cet âge, quand nous ne sommes pas l'objet d'une surveillance affectueuse et intelligente, à laquelle, du reste, si elle existe, nous nous efforçons de nous soustraire le plus possible. Puis, quand, à la suite de toutes ces luttes avec la bonne nature, le jeune garçon peut fumer impunément, il le croit du moins, parce qu'il ne subit pas immédiatement les effets désastreux du tabac, il s'imagine, en toute sincérité, que cette habitude fait partie, comme le boire et le manger, de ses besoins naturels, et il déclare qu'il aimerait mieux mourir que de s'en priver. Il est devenu un homme ! En effet il en meurt quelquefois, mais on croyant toujours qu'il meurt d'autre chose, ou, plutôt, en ne sachant pas qu'il va mourir ni même ce que c'est que mourir.

Dans ce cas particulier comme dans beaucoup d'autres, le roi de la création est donc au-dessous du dernier des animaux, car il n'y a pas un animal à qui l'on arriverait, le bâton aidant, à faire prendre une pareille habitude répugnant ainsi à tout son être.

Ce n'est qu'après cet apprentissage, où il déploie tant d'énergie, que l'homme fera cet appel, signalé par Tolstoï, à l'habitude et au besoin qui en seront résultés. Il fera cet appel, c'est certain, dans les circonstances où il estimera que ses facultés naturelles ne lui suffi- raient pas, et, en effet, elles ne lui suffisent plus depuis longtemps, car cette habitude et ce besoin auront pris peu à peu tant d'empire sur lui qu'il croira, de très bonne foi, ne plus pouvoir se mettre en parfait équilibre qu'on cédant tout de suite, on face d'une situation grave, à ce qu'ils exigent de lui. Il ne saurait alors prendre une déci- sion importante qu'après avoir allumé sa cigarette, son cigare ou sa pipe, chacun ayant sa forme de prédilection pour ce mode d'oblité- ration intellectuelle. L'homme de pipe proteste très souvent contre le cigare ; quelques-uns cependant cumulent : la pipe dedans, le cigare dehors, et qu'il n'y ait pas de temps perdu. Le fumeur de ci- garettes est plus intolérant ; il n'admet que la cigarette qui est reçue

Léon Tolstoï

ou autorisée presque partout, quelquefois même adoptée par les femmes, et dont on peut avaler la fumée. Quelles délices !

Chacun a sa façon d'aspirer et d'expirer la vapeur du poison par la bouche et le nez, de corrompre son haleine et d'infecter l'odorat de son voisin et de son meilleur ami, comme si les mauvaises haleines naturelles ne suffisaient pas. À ce propos, le véritable fumeur reste-t-il capable d'amitié ? Tolstoï a oublié de poser la question. Forcé d'opter entre son ami et son tabac, auquel des deux le fumeur renoncera-t-il ? Je ne mets pas en doute que l'ami sera sacrifié : qu'il ne regrette rien. Quant à la femme, elle était tellement sûre de ne pouvoir pas lutter, qu'elle a transigé tout de suite. Il y a des épouses vraiment héroïques ; il y en a d'autres vraiment excusables.

Il faut que le trouble particulier, l'ivresse spéciale causés par le tabac aient des séductions bien irrésistibles pour que, étant de découverte si récente et d'initiation si pénible, il ait si vite rattrapé le vin, vieux comme le monde. Il y a eu immédiatement accord entre les deux agents de destruction. Aujourd'hui tous les buveurs fument, tous les fumeurs boivent. À peine les hommes ont-ils fini d'ingurgiter les vins du repas, qu'ils plantent là le sexe auxquels ils doivent leur mère, et la plupart de leurs ennuis du reste, et qu'ils s'en vont, dans une autre salle, aspirer de la nicotine en buvant les différentes liqueurs du dessert, dont quelques-unes sont dues à des ordres monastiques.

Quelles raisons la nature peut-elle avoir eues d'accumuler ainsi autour de l'homme tant d'occasions et de tentations d'abaissement et de déchéance volontaires ?

Dès qu'elle l'a eu créé et doté d'intelligence, dit-on, a-t-elle donc eu tellement peur de cette intelligence qu'elle ait cru devoir lui susciter le plus d'ennemis possible à figure avenante, depuis la pomme du serpent jusqu'à la vigne de Noé, sans préjudice de tous les ennemis à visage découvert, tels que maladies, épidémies, contagions, pestes, guerres, tempêtes, bêtes venimeuses, fleurs homicides, fruits vénéneux ? Si cette intelligence eût pu se développer sans ces obstacles de différentes espèces, peut-être eût-elle trouvé trop vite la solution du problème qu'elle a mission de chercher, et peut-être la nature a-t-elle besoin de millions et de milliards d'années, surtout si elle veut le faire meilleur, pour préparer le monde qui doit succéder à celui-ci ? C'est pour cela sans doute aussi qu'elle n'a départi cette fameuse intelligence qu'à quelques-unes de ses créatures, très rares, tandis qu'elle a dispensé aux autres cette incommensurable imbécillité que rien n'apaise depuis des siècles et qu'on ne s'explique que par une nécessité de construction. Ou bien la nature, un peu honteuse d'avoir formé, pour son seul intérêt à elle, une créature aussi faible, aussi désarmée que l'homme, aussi fatalement vouée à toutes les misères du corps et de l'âme, a-t-elle cru lui devoir quelques compensations et les lui a-t-elle données, dans le vin et le tabac, faciles et grossières, pour qu'il comprenne bien que ses douleurs et ses misères ne sont pas dignes d'autres remèdes que ceux-là.

Le peu d'intérêt que nous portons aux malheurs d'autrui devrait cependant nous éclairer sur le peu d'importance que ceux de toute l'espèce doivent inspirer à la nature. Si nous sommes si indifférents à la destinée de ceux, y compris quelquefois nos plus proches, avec qui nous traversons cette fameuse vallée de larmes, ce qui devrait cependant nous rapprocher, nous rendre solidaires, pourquoi la nature ne serait-elle pas des millions de fois plus indifférente que nous aux calamités de tout notre troupeau, elle qui sait d'où nous venons et où nous allons, ce que nous ne savons pas ?

Aux agents qu'elle met en vibration pour nous donner la vie et la mort, il est facile de voir qu'elle ne nous reconnaît pas la valeur que nous nous prêtons pour des raisons toutes personnelles. Un animalcule mis en circulation par un spasme, et nous voilà sur la terre, un microbe mis en mouvement par un miasme, et nous voilà dessous. N'y a-t-il pas là de quoi faire les fiers ? Je sais bien qu'à en croire certains livres, le Dieu qui nous a créés est sans cesse occupé de nous et que nous avons une âme qui, moyennant certaines épreuves, rayonnera éternellement après notre mort, mais en attendant, nous avons horreur de cette mort, qui doit nous procurer une éternité de joies, et quand nous avons une rage de dents, nous échangerions bien vite toute notre future éternité d'ange contre la cessation de ce bobo.

En vérité, le vin et le tabac ne sont-ils pas tout ce qu'il faut pour consoler une pareille humanité, et ne devons-nous pas remercier le Ciel d'avoir bien voulu nous les donner ? Des joies qu'ils causent, on peut conclure dans quels désespoirs nous serions tombés de-

Léon Tolstoï

puis longtemps si nous ne les avions pas.

Tolstoï nous dit que tous les soldats français qui sont montés à l'assaut de Sébastopol étaient ivres ; il ne nous dit pas si les soldats russes étaient saouls ; c'est à supposer quand on a pu observer le Russe en temps de paix. Faut-il croire que le Russe a été vaincu parce qu'il avait moins bu ou plus bu que le Français ? Nous n'admettrons pas que c'était parce qu'il n'avait pas bu du tout. Le vin donnant la victoire ! Quel argument en faveur du vin !

Nous reconnaîtrons tous qu'un des plus grands signes de bêtise parmi les hommes est de se faire la guerre, d'autant plus qu'ils ont la terreur de la blessure, de la douleur, de la mort, et qu'ils sont bien rarement héroïques de naissance. Eh bien ! voilà le vin, fournissant déjà aux gouvernements qui nous régissent le plus clair et le plus sur de leurs revenus, qui leur procure par surcroît le courage qui fait vaincre ou l'héroïsme qui fait mourir. Le voilà éveillant les idées, consolant des chagrins, faisant jaillir la vérité du fond de la bouteille, bien qu'elle habite notoirement le fond d'un puits ; le voilà confondu avec le courage, présidant aux fêtes les plus pures, y compris le mariage, la naissance, le baptême, faisant partie des cérémonies les plus sacrées, y compris la messe où il figure le sang de Jésus-Christ. Comment voulez-vous empêcher les hommes d'avoir un culte pour un produit qui a de pareillesorigines, de pareilles alliances et de pareils effets ? Du moment qu'il est officiellement reconnu pour le metteur en œuvre de toutes les énergies, ne devait-il pas servir d'excuse même à celles qui vont jusqu'au crime ?

Aussi, quand par hasard un meurtrier n'a pas cette excuse et qu'on est forcé de le condamner à mort, parce qu'il a oublié de boire avant de commettre son meurtre, lorsqu'on vient lui annoncer que son pourvoi est rejeté, qu'il faut mourir, le geôlier, au nom de la société compatissante, lui offre un verre de vin ou de liqueur pour lui donner du courage. Après quoi, l'aumônier lui présente l'hostie qui contient le pardon de Dieu et la promesse de la béatitude éternelle. Le condamné boit le petit verre, avale l'hostie, fume une cigarette par là-dessus et marche tant bien que mal à la machine rouge. Un peu de nicotine un peu de corps de Notre-Seigneur, un peu de trois-six, car l'administration ne faitcertainement pas la dépense du Martel, et en route pour le Ciel. Quels mélanges ! Quels moyens ! Quels résultats !

Si nous avions fait le monde, le comte Tolstoï et moi, ou plutôt le comte Tolstoï ou moi, car c'est là chose qu'il faut faire tout seul, nous l'aurions fait autrement, ce n'est pas douteux, surtout si nous avions su alors ce que nous savons maintenant. Serait-il meilleur ? Serait-il pire ? On ne l'aurait vu qu'à l'usage. En attendant, nous l'avons trouvé tout fait, et il nous faut bien l'accepter tel quel, pour les autres, cela va sans dire, car le comte et moi sommes en mesure de le modifier on ce qui nous concerne, quand cela nous parait nécessaire. Nous n'en devons pas moins essayer de le modifier aussi en faveur de nos semblables qui, si l'on y regarde bien, sont finalement plus à plaindre qu'à blâmer.

Parmi les améliorations que nous rêvons pour cette pauvre humanité, pouvons-nous espérer la suppression du vin et du tabac ? Il n'y faut pas songer. Tous nos articles et toutes les sociétés de tempérance du monde n'y feront rien. Le phylloxéra lui-même y a renoncé. On n'a jamais fait tant de vin que depuis que la vigne n'en produit plus, et l'on n'a jamais tant fumé que depuis que les cigares ordinaires sont infumables et que les bons cigares sont hors de prix.

Je laisse de côté l'intérêt qu'a l'État, économiquement parlant, à ce que certains de nos vices se maintiennent et même s'accroissent. Nous savons ce que l'alcool et le tabac apportent chaque année au budget. Je ne vois pas l'État se sacrifiant pour la morale et la santé publiques. Qu'importe que l'individu meure pourvu que la société vive ?

Mais le mal a une cause plus profonde que la bêtise des contribuables et l'ingéniosité des économistes. La vérité est que l'homme commence à se lasser, à se désintéresser, à se décourager de la vie. Il voit que c'est, et il croit que ce sera toujours, indéfiniment et inutilement la même chose. Les centaines de siècles qu'il a vécus ne lui ont pas appris d'où il vient ; à travers les milliers de siècles qu'il a à vivre, il n'entrevoit pas où il va ; comme la terre qu'il habite, il tourne toujours dans le même cercle, sans avancer. Il va en chemin de fer au lieu d'aller dans un chariot traîné par des bœufs ; il peut envoyer en quelques minutes la cote de la Bourse aux confins du globe ; il peut tuer son prochain à douze ou quinze kilomètres de distance. Et puis après ? Où en est-il de sa personnalité, c'est-à-dire de ce qui l'intéresse le plus ? Il est toujours dans la même igno-

Léon Tolstoï

rance, dans la même inquiétude.

Des hommes austères, des sages, ont établi des lois et fondé des religions pour donner satisfaction aux besoins de son corps et de son âme. À quelle conclusion en sont-ils venus ? Toutes les religions se contredisent, se combattent, se haïssent. Les bûchers sur lesquels on a brûlé tant de braves gens pour leur faire connaître un peu plus tôt la vérité sont-ils plus orthodoxes et plus édifiants que les verres d'eau-de-vie versés aux soldats pour les envoyer à la victoire ou à la mort ? Toutes les philosophies se raillent et se dénigrent outre elles. Où sont les codes infaillibles ? Où sont les bibles indiscutables ? Quelle garantie évidente me donnent les uns ? Quel secours effectif me donnent les autres ? Qui a raison, de Moïse, de Jésus, de Mahomet, de Brahma, de Luther, du matérialisme, du positivisme, du spiritualisme, du droit divin, du droit du peuple ? Tous ces fondateurs de sectes, tous ces docteurs en philosophie vivaient dans l'étude, le recueillement et la méditation ; ils n'interrogeaient que leur conscience, ils ne voulaient que le bien ; ils ne buvaient pas, ils ne fumaient pas : qu'est-ce que nous y avons gagné ? Voyez quels dissentiments ils ont produits entre les hommes, de quelles révolutions, de quelles iniquités ils ont été cause, quels flots de sang ils ont fait couler. Exploité par la nature, trahi par ses sens, égaré par ses rêves, trompé par les religions, dérouté par les philosophies, berné par les politiques, ne sachant plus que croire, ne trouvant plus à qui se lier, l'homme, harcelé par tous les problèmes moraux et sociaux qui se dressent devant lui, n'a plus qu'une idée : leur échapper et s'étourdir. D'autant plus que, tout à coup, à un certain moment, quand il a bien cédé à tous ses besoins, à toutes ses illusions, à toutes ses passions, il découvre ce dont rien ne l'avait averti jusque-là, qu'il est mortel et qu'il va bientôt falloir cesser d'être, de faire partie de ce qui continuera cependant à être éternellement, sans le moindre souvenir de lui.

La terreur de la mort inévitable, dont il n'est plus séparé que par quelques années, l'envahit et l'étreint. De quoi va-t-il occuper ces dernières années, qui vont passer si vite ? Il commence à mesurer toutes les choses de la vie à cette fatale nécessité de la mort : elles lui apparaissent vides, dénuées de raisons d'être et sa fragilité l'humilie et le désespère. Le terrible « à quoi bon ? » de l'Ecclésiaste ne quitte plus son côté. S'il n'a pas quelque grand idéal comme l'illusion religieuse, l'amour de la science, la folie de l'art, la passion de la charité, une de ces ivresses de l'âme, il redescend dans l'instinct, il se met à vivre au jour le jour et il fait appel à la sensation immédiate, basse, mais assurée. Elle le tuera peut-être, mais qu'est-ce qui ne le tue pas ? Et puisqu'il faut absolument aller à la mort, car, quoique route qu'il prenne, c'est toujours là qu'elle aboutira, autant y aller gaîment, et qu'importe un peu plus tôt ou un peu plus tard ? Qui sait même s'il ne vaudrait pas mieux que ce fût plus tôt, s'il ne vaudrait pas mieux que ce fût tout de suite ?

Va donc pour le jeu, la débauche, le libertinage et que les vapeurs du vin et la fumée du tabac lui voilent les trois mots de la salle du festin dont tant de convives sont déjà sortis. Le prêtre a beau lui promettre l'éternité, le philosophe a beau lui conseiller la résignation, le petit verre de cette eau qui brûle et le petit paquet de cette herbe qui flambe lui procurent tout de suite, sans qu'il fasse le moindre effort, ce que lui promet l'un et ce que lui conseille l'autre. Ce n'est pas la félicité complète, ce n'est pas l'oubli absolu, car l'âme se débat toujours un peu dans les bas fonds où il la refoule ; mais c'est l'engourdissement de la pensée, l'obscuration de la conscience, la léthargie mentale devant laquelle les réalités continuent à se mouvoir sans la faire cesser. « Les animaux sont bien heureux ; ils ne pensent pas à tout ça. » Voilà le fond de son raisonnement et la conclusion de sa philosophie.

Il s'agit d'arriver au bonheur relatif et suffisant des animaux en éludant toute explication avec ce grand problème de la destinée dont la nature a fait le privilège néfaste de la créature pensante.

Si vous regardez bien attentivement, vous verrez qu'il y a du suicide dans ce parti pris de la dernière phase, suicide lent, irrésistible, anonyme.

Par une contradiction purement apparente, voilà ce même homme qui s'alarmait d'avoir si peu de temps à vivre encore, qui se trouve tout à coup las d'avoir déjà vécu tant d'années, et, dans la demi-mort qu'il provoque et où il se complaît tous les jours, il commence à se dire que l'état d'annihilation totale, d'indifférence définitive a peut-être du bon. Il y aspire malgré lui et il augmente peu à peu les doses des stupéfiants dont il a pris l'habitude. Il goûte une volupté qu'il ne saurait définir, mais réelle et constante, à cette

Léon Tolstoï

espérance nouvelle de n'être plus. Il n'a que bien rarement le courage d'en finir violemment, tant il est acoquiné à son mécanisme organique, mais il jouit de tuer à petit feu ces deux adversaires qu'il traînait partout avec lui, dont il a eu tant à souffrir : sa raison et sa conscience, et il parvient enfin à réaliser son rêve qui est de mourir comme il est né, sans savoir ce qu'il fait.

Jusqu'à présent l'homme seul avait empoisonné son intelligence avec le vin et l'eau-de-vie, son haleine et sa conscience, avec le tabac ; sa femelle, sauf quelques pêcheuses de moules ou de crevettes, avait échappé au fléau. Dispensatrice d'un autre genre d'ivresse qu'elle ne partageait que bien rarement, elle voyait avec dépit l'homme goûter tout seul la jouissance du vin, du tabac et de l'amour, et souvent celle dernière à son détriment à elle. Ce n'était pas juste. La nature impartiale a fini tardivement par réparer cette injustice, et elle a fait pour le sexe faible ce qu'elle avait fait pour le sexe fort. Elle a livré à la science le secret de la morphine, l'absinthe des femmes. Celles-ci vont enfin avoir devant leurs juges, pour tous les délits qu'elles commettront, la même excuse que les hommes. Désormais il n'y aura pas plus de responsabilités pour elles que pour eux. Eh bien ! voilà le Paradis retrouvé, avec droit cette fois à tous les fruits. C'était le serpent qui avait raison.

Que ceux qui n'ont rien à démêler avec les tabacs et les alcools se mettent à la recherche d'un autre Dieu que celui de nos paradis et de nos enfers, car il est impossible qu'il n'y en ait pas un autre.

ALEXANDRE DUMAS FILS.

## L'Alcool et le Tabac

### I

Quelle est la véritable cause de la consommation énorme que font les hommes de toute sorte d'excitants et narcotiques, tels que l'eau-de-vie, le vin, le hachich, l'opium et quelques produits moins répandus, comme la morphine, l'éther et autres substances analogues ? Quelle est l'origine de cette habitude qu'ils ont prise, et pourquoi cette habitude s'est-elle répandue si rapidement et maintenue avec tant de persistance chez les gens de toutes les classes et de toutes positions, aussi bien chez les sauvages que chez les civilisés ? À quoi attribuer ce fait indiscutable que là où le vin, l'eau-de-vie et la bière sont inconnus, on consomme l'opium, le hachich, etc., tandis que l'usage de fumer est répandu dans le monde entier ?

D'où peut venir ce besoin qu'éprouvent les hommes de se plonger dans un état de torpeur et d'ivresse ? Demandez au premier venu ce qui le force à absorber, pour la première fois, des boissons alcooliques, et pourquoi il continue, il vous répondra : « C'est agréable, tout le monde boit. » Et peut-être ajoutera-t-il : « Je bois pour me donner du ton, m'exciter cérébralement. »

Il existe encore une autre catégorie de gens, ceux qui ne se demandent même pas s'il est bon ou mauvais de boire des spiritueux. Ils donnent ce prétexte comme argument le plus probant, que le vin est bon pour la santé, qu'il fortifie ; autrement dit, ils s'appuient sur un fait dont la fausseté est reconnue depuis longtemps.

Posez la même question à un fumeur. Demandez-lui ce qui lui a suggéré l'idée de fumer pour la première fois, et ce qui le pousse à persévérer dans cette habitude La réponse sera la même : « Pour dissiper la tristesse. En outre, c'est un usage universellement répandu, tout le monde fume. »

Une réponse analogue ou très approchante nous serait faite par tous ceux qui fument l'opium, le hachich, ou se font des injections de morphine : « Pour dissiper les pensées noires, pour exciter l'activité cérébrale, » enfin « parce que tout le monde le fait ».

On pourrait donner des motifs semblables sans tomber dans l'absurde, pour expliquer que de se tourner les pouces, siffler, fredonner des chansons, par exemple, en un mot, s'amuser par l'un ou l'autre des mille moyens connus, n'exigeant ni dépense de richesse naturelle, ni dissipation de grande activité humaine, n'est nuisible ni aux autres ni à soi-même.

Les habitudes dont nous avons parlé n'ont pas ces caractères anodins. Pour produire le tabac, le vin, le hachich, l'opium, en quantité suffisante pour suffire à la consommation énorme qui s'en fait aujourd'hui, il faut y employer des millions et des millions d'acres des meilleures terres, au milieu d'une population affamée ; et des millions d'êtres humains (en Angleterre, par exemple, le huitième de la population entière) consacrent toute leur existence à extraire des produits narcotiques.

Et ce n'est pas tout : la consommation de ces produits est incontestablement nuisible au plus haut degré, car elle entraîne des maux qui sont la perte d'un plus grand nombre d'êtres humains que n'en détruiraient les guerres les plus sanglantes et les plus terribles épidémies. Et ces hommes le savent. Ils le savent si bien, qu'on ne peut, un seul instant, ajouter foi à leurs arguments quand ils disent qu'ils ont pris cette mauvaise habitude seulement pour dissiper la tristesse et se ragaillardir, ou simplement parce que tout le monde le fait.

Il doit donc exister évidemment une autre explication de ce phénomène étrange. Nous rencontrons souvent dans la vie des parents dévoués qui, tout en étant prêts à faire tous les sacrifices pour le bien-être de leurs enfants, consacrent, pour acheter de l'eau-de-vie, du vin, de la bière, du hachich et du tabac, des sommes d'argent qui seraient absolument suffisantes, sinon pour nourrir leurs malheureux enfants affamés, du moins pour les garantir contre les nécessités les plus immédiates.

Il est donc bien évident que si l'homme, étant placé par les circonstances ou sa propre volonté dans la situation d'avoir à choisir entre la nécessité de soumettre sa famille qui lui est chère à toutes les privations, ou bien de s'abstenir de consommer des narcotiques et des excitants, s'arrête à la première détermination, c'est qu'un motif le pousse, bien plus puissant que le simple désir de rechercher les délices de l'ivresse, ou la considération que cet usage est répandu dans le monde entier.

Autant que je puis être compétent pour exprimer mon opinion à ce sujet, – et mes droits à cette compétence consistent seulement dans la connaissance théorique de l'opinion des autres hommes, que j'ai recueillie dans les livres, ou les observations que j'ai pu faire sur les hommes et particulièrement sur moi-même, lorsque je buvais encore du vin et fumais du tabac, – je formulerai ces motifs de la façon suivante :

Dans la période de sa vie consciente, l'homme a souvent l'occasion de distinguer en lui-même deux êtres absolument distincts : l'un, aveugle et sensitif ; l'autre, éclairé et pensant. Le premier mange, boit, se repose, dort, se reproduit et se meut comme une machine remontée pour un certain temps. L'être pensant, éclairé, uni à l'être sensitif, n'agit pas par lui-même, il ne fait que contrôler et apprécier la conduite de l'être sensitif en l'aidant activement s'il l'approuve, ou en restant neutre dans le cas contraire.

Nous pouvons comparer cet être conscient à l'aiguille d'une boussole dont une des extrémités indique le nord et l'autre le sud, et qui est couverte, dans toute son étendue, par un corps opaque.

Ainsi l'aiguille reste invisible tant que la direction du navire est bonne, et elle ne commence à osciller et à devenir visible que si le navire s'écarte de son chemin.

De même, l'être pensant qui se manifeste par ce que nous appelons la conscience indique toujours où se trouvent le bien et le mal, et nous ne l'apercevons pas jusqu'au moment on nous nous écartons de la bonne direction. Mais dès que nous avons commis une action contraire à notre conscience, l'être pensant apparaît en indiquant le degré d'écart existant entre la bonne et la mauvaise voie. De même que le marin, après s'être aperçu qu'il fait fausse route, ne continue pas son chemin avant d'avoir remis son navire dans la direction indiquée par la boussole, si toutefois il ne veut pas s'égarer, volontairement, de même l'homme ayant remarqué la divergence produite entre sa conscience et son activité sensitive, ne peut continuer à agir avant d'avoir mis d'accord sa conscience et son activité, à moins cependant qu'il ne veuille délibérément rejeter le témoignage de sa conscience qui condamne ses mauvaises actions.

On peut dire que l'humanité suit l'une ou l'autre de ces doux directions : ou 1° elle se soumet aux lois de la conscience, ou 2° elle les rejette et s'abandonne à ses instincts grossiers.

Les uns suivent la première voie, et les autres la seconde. Il n'y a qu'un seul moyen d'adopter le premier genre de vie, c'est de développer en soi les tendances morales et d'accroître ses lumières. Il y a deux moyens d'atteindre le second but : l'un extérieur, l'autre intérieur. Le premier consiste à s'adonner à des occupations absorbantes, qui empêchent la voix de la conscience d'arriver jusqu'à nous, tandis que le second consiste à endormir en nous la con-

Léon Tolstoï

science même.

L'homme, on le sait, peut s'aveugler de deux façons par rapport à l'objet qui se trouve devant lui : ou bien en fixant son regard sur d'autres objets plus éclatants, ou bien en plaçant devant son rayon visuel un corps opaque qui cache l'autre entièrement.

De même, il peut se cacher à lui-même les manifestations de sa conscience en portant toute son attention sur diverses occupations, soucis et plaisirs, ou bien en obscurcissant volontairement la faculté même de l'attention.

S'il s'agit de personnes ayant un sens moral grossier ou rudimentaire, il leur suffit souvent de simples distractions extérieures pour les empêcher d'apercevoir les indications que leur donne leur conscience sur l'irrégularité de leur vie. Mais pour les hommes d'une organisation morale supérieure, ces moyens mécaniques ne suffisent pas. Ils ne les empêchent pas complètement de distinguer le désaccord qui existe entre leur vie et les exigences de leur conscience.

Et cette lutte trouble l'harmonie de leur existence. Pour l'oublier et continuer leur vie irrégulière, ils ont recours à un moyen intérieur qui est plus sur : en cherchant à endormir la conscience elle-même, et ils y arrivent par l'empoisonnement du cerveau à l'aide de narcotiques.

Supposons, par exemple, que la vie d'un homme ne soit pas d'accord avec sa conscience, et que cet homme n'ait pas assez de force pour rétablir l'harmonie. D'autre part, les distractions qui devraient empêcher son attention de se fixer sur ce désaccord sont ou insuffisantes par elles-mêmes, ou bien le sont devenues pour lui.

Cet homme, alors, qui veut persévérer dans la mauvaise voie malgré les avertissements de sa conscience, se décide à empoisonner, à paralyser complètement, et pour un certain temps, l'organe par l'intermédiaire duquel se manifeste la conscience.

L'explication de cette habitude, aujourd'hui répandue dans l'univers entier, de fumer et de s'alcooliser, ne nous est fournie ni par un penchant naturel, ni par le plaisir et la distraction que cela donne, mais par la nécessité de se dissimuler à soi-même les manifestations de la conscience.

Un jour, que je me promenais dans la rue, je passai devant quelques cochers de fiacre qui causaient entre eux. L'un d'eux fit tout à coup une remarque qui me frappa : « Qui peut en douter ? disait-il. Il aurait certainement eu honte d'agir ainsi s'il n'avait pas été ivre. »

## II

Ainsi donc, un homme, n'ayant pas bu, aurait eu honte de faire ce qu'un ivrogne avait fait. Ces paroles révèlent la cause réelle qui force les hommes à recourir aux divers narcotiques et excitants. Les hommes les emploient dans le but d'étourdir les remords de la conscience après avoir commis une action qu'elle condamne, ou dans le but de provoquer un état d'esprit qui les rend capables d'agir contrairement à leur conscience.

La conscience retient l'homme sobre de la fréquentation des filles publiques, du vol, de l'assassinat. L'homme ivre, au contraire, n'est pas inquiété par des remords de cette nature.

Celui donc qui veut commettre une mauvaise action doit avant tout s'étourdir par l'ivresse.

Je me souviens d'avoir été très frappé par la déposition d'un cuisinier qu'on jugeait pour l'assassinat d'une vieille dame de mes parentes, chez laquelle il était en service. Il résultait de son propre récit sur les circonstances du crime qu'il avait commis, que lorsqu'il avait saisi le couteau et était entré dans la chambre de sa victime, il avait senti tout à coup qu'il était incapable de commettre un pareil crime : « L'homme sobre a des remords, » disait-il. Il retourna donc dans la salle à manger, et but coup sur coup deux verres d'eau-de-vie qu'il avait préparés d'avance. Ce n'est qu'alors, et pas avant, qu'il se sentit capable de commettre son crime, et il le commit.

Les neuf dixièmes des crimes sont commis précisément dans ces conditions. Boire d'abord pour se donner du courage.

De toutes les femmes qui succombent, la moitié au moins cède à la tentation sous l'influence de l'alcool. Presque tous les jeunes gens qui vont dans les maisons publiques le font également sous l'influence de l'alcool. Les hommes connaissent fort bien cette faculté de l'alcool d'étouffer la voix de la conscience, et ils s'en servent dans ce but.

Mais ce n'est pas encore tout. Non seulement les hommes obscurcissent leur propre intelligence pour faire taire leur conscience, mais encore ils obscurcissent celle des autres lorsqu'ils veulent leur faire commettre une mauvaise action. C'est ainsi qu'on fait boire les soldats avant de les envoyer sur le champ de bataille. Lors de l'assaut de Sébastopol, tous les soldats français étaient ivres.

Il ne faut pas être très observateur pour remarquer que les gens qui font peu de cas des lois de la morale sont, plus que les autres, enclins à s'adonner à l'ivresse sous toutes ses formes.

Les brigands, les voleurs, les prostituées ne peuvent se passer d'alcool.

Tout le monde sait et convient que la consommation de ces produits a pour but d'étouffer les remords de la conscience.

On sait aussi et on convient également que ces produits tuent effectivement la voix de la conscience, et que l'homme ivre est capable de commettre certaines actions qu'il repousse avec horreur en état de sobriété.

Tout le monde est unanime à le reconnaître. Et cependant, chose étrange, dans le cas où l'usage de ces produits excitants ne conduit pas à l'assassinat, au vol, à la violence, etc., ou n'a pas pour but d'étouffer les remords, on ne le blâme pas ; on ne le blâme pas lorsqu'on le rencontre chez des personnes dont la profession n'a rien d'immoral, et qui n'en abusent pas, c'est-à-direboivent et fument peu et régulièrement.

Il est reconnu que la consommation quotidienne, par un Russe aisé, d'un petit verre d'eau-de-vie avant le dîner et d'un verre de vin pendant le repas, d'une portion quotidienne d'absinthe par le Français et de porter par l'Anglais, de bière par l'Allemand, d'une petite dose d'opium par le Chinois, sans compter une certaine quantité de tabac pour tous, n'a d'autre but que le plaisir, produit une action bienfaisante sur le corps, et n'influence aucunement la conscience.

Il est reconnu, en outre, que si, après cette surexcitation régulière et limitée, il ne se produit aucun assassinat, vol ou graves délits, mais simplement de folles escapades, ces actions sont volontaires et non occasionnées par ce léger enivrement. Il est reconnu que si ces hommes n'ont commis aucune action criminelle, ils n'ont pas besoin d'étourdir leur conscience, et que la vie menée par les hommes qui consomment régulièrement des narcotiques est excellente sous tous les rapports, et ne pourrait l'être davantage s'ils s'en abstenaient. En un mot, il est reconnu que l'usage des narcotiques n'endort nullement la conscience.

Ainsi donc, chacun de nous sait par expérience que son état d'esprit se modifie après l'absorption de l'alcool ou de la nicotine, et que ce dont il aurait honte avant cette excitation artificielle ne le trouble nullement après ; chacun sait aussi que, après le remords le plus insignifiant, il éprouve le besoin de recourir à un excitant ou à un narcotique, et que, sous leur influence, il est très difficile de se gouverner ; que la consommation constante d'une quantité faible, mais toujours la même, des excitants, produit exactement la même action physiologique que l'absorption fortuite d'une grande quantité à la fois.

D'autre part, les gens qui consomment avec mesure le vin et le tabac, se persuadent qu'ils ne le font nullement dans le but d'endormir leur conscience, mais exclusivement par goût et par plaisir.

Mais il suffit de réfléchir, sur ce sujet, tant soit peu sérieusement, sans parti pris, sans chercher à justifier ses propres actions, pour arriver à cette conviction que, si la conscience de l'homme s'anéantit par suite de l'absorption d'une grande dose de produits alcooliques ou narcotiques, le résultat doit être absolument le même s'il les emploie constamment, quoiqu'en faible proportion, car les excitants et les narcotiques produisent une action physiologique égale, qui se traduit d'abord par une trop grande activité cérébrale, et finit par obscurcir et atrophier progressivement le cerveau. Et cela indépendamment de la quantité, petite ou grande, qu'on absorbe.

En outre, si ces excitants et ces narcotiques ont la faculté d'endormir la conscience à tout instant, ils l'ont toujours, et à un degré égal, soit qu'on accomplisse sous leur action un meurtre, un vol ou une autre violence, soit qu'on prononce seulement une parole un peu vive, soit qu'on nourrisse quelque mauvaise idée ou quelque mauvais sentiment.

Léon Tolstoï

Enfin, si ces narcotiques et excitants qui empoisonnent le cerveau sont nécessaires aux brigands, aux meurtriers, aux prostituées de profession, afin d'étouffer la voix de leur conscience ; ils ne sont pas moins nécessaires aux hommes de certaines professions, qui réprouvent intérieurement ces professions, bien que leurs collègues les envisagent comme légales et honorables.

En résumé, on ne peut pas ne pas voir que l'habitude des excitants en grande ou petite quantité, pris périodiquement ou irrégulièrement dans les hautes ou dans les basses classes de la société, provient de la nécessité d'endormir la conscience pour ne pas remarquer le désaccord flagrant qui existe entre la vie moderne et les exigences de la conscience.

<h1 style="text-align:center">III</h1>

Telle est donc la véritable cause de l'usage si répandu des excitants qui empoisonnent le cerveau, et particulièrement du tabac, qui est le narcotique le plus répandu et le plus pernicieux.

Les amateurs du tabac affirment qu'il épanouit l'âme, éclaircit la pensée, distrait et procure un plaisir, mais qu'il n'a pas la propriété, comme l'alcool, de paralyser la conscience.

Mais il suffit d'analyser soigneusement les conditions dans lesquelles le besoin de fumer est particulièrement pressant pour se convaincre que l'engourdissement du cerveau, à l'aide de la nicotine, éteint la conscience, comme l'alcool, et que le besoins de cet excitant est d'autant plus pressant que le désir d'étouffer le remords augmente.

S'il était vrai que le tabac ne fît que procurer un plaisir quelconque et éclaircir les pensées, on n'en éprouverait pas le besoin passionné, dans certaines circonstances nettement définies, et nous ne verrions pas des gens assurer qu'ils seraient plutôt disposés à se priver de nourriture que de tabac.

Le cuisinier dont je parlais a raconté devant le tribunal qu'après être entré dans la chambre à coucher de sa victime, et lui avoir coupé la gorge, lorsqu'il l'avait vue tomber à la renverse en poussant un cri, pendant que le sang coulait à flots, il était resté pétrifié à la pensée de son crime.

« Je n'ai pas eu le courage de l'achever, s'écriait-il ; je suis allé dans le salon, me suis assis et j'ai fumé une cigarette. »

Et ce n'est que lorsqu'il eut engourdi son cerveau par la fumée qu'il rassembla ses forces, retourna dans la chambre à coucher et acheva sa victime.

Il est évident que sa passion pour le tabac, dans des conditions aussi particulières, était inspirée, non par le désir d'éclaircir ses pensées ou de se procurer quelque joie, mais par la nécessité d'étouffer la voix qui l'empêchaitd'achever le crime qu'il avait commencé.

Tout fumeur peut, s'il le veut, remarquer le même besoin, nettement exprimé, d'engourdir ses facultés intellectuelles, dans certains moments critiques de sa vie. Quant à moi, je puis parfaitement bien me rappeler, à l'époque où je fumais encore, les moments où le besoin de fumer était plus pressant, plus tyrannique. Cela arrivait presque toujours dans le cas où je voulais oublier certaines choses, endormir ma pensée. Parfois, resté seul et oisif, j'avais conscience que je devais travailler, mais tout travail m'était pénible. J'allumais alors une cigarette et je continuais à rester oisif.

Dans d'autres moments, je me rappelais soudainement que j'avais un rendez-vous pour telle heure, mais que j'étais trop attardé ailleurs, et qu'il était trop tard pour y aller. Comme ce manque d'exactitude m'était fort désagréable, je prenais une cigarette et je faisais passer mon dépit dans les spirales de la fumée. Lorsque je me trouvais dans un violent état d'irritation et que j'avais offensé mon interlocuteur par le ton de mes paroles, alors, tout en ayant conscience que je devais cesser, je continuais et je me mettais à fumer.

Lorsque je jouais aux cartes et perdais plus que je ne l'avais décidé, j'allumais une cigarette et continuais à jouer. Chaque fois que je me mettais dans une fausse position, commettais ou une erreur ou une action blâmable, et ne voulais pas en convenir, je faisais retomber la faute sur les autres et je me mettais à fumer.

Lorsqu'en écrivant un roman ou une nouvelle, j'étais mécontent de ce que j'avais écrit, et avais conscience que je devais cesser le travail commencé, mais que, d'un autre côté, j'avais le désir de le terminer quand même, je prenais une cigarette et je fumais.

Discutais-je quelque question et avais-je conscience que mon contradicteur et moi l'envisagions sous un point de vue différent et que nous ne pourrions, par conséquent, jamais nous comprendre, alors, si j'avais le désir absolu de continuer la discussion malgré tout, j'allumais une cigarette et je continuais à parler.

La propriété caractéristique qui distingue le tabac des autres narcotiques, outre la rapidité avec laquelle il engourdit l'esprit et sa prétendue innocuité, est sa facilité de transport et d'usage

Ainsi l'absorption de l'opium, de l'alcool, du hachich est toujours plus compliquée. On ne peut s'y livrer en tout temps et en tout lieu, tandis que l'on peut transporter du tabac et des cigarettes sans aucun inconvénient.

De plus, le fumeur d'opium et l'ivrogne inspirent le dégoût et l'épouvante, tandis que le fumeur de tabac ne représente rien de repoussant. Enfin le tabac a encore une propriété qui facilite son usage. Tandis que l'étourdissement que produisent le hachich, l'alcool, l'opium s'étend sur toutes les impressions et toutes les actions reçues ou commises dans un laps de temps relativement long, l'action engourdissante du tabac peut être réglée suivant les nécessités de chaque cas particulier. Désirez-vous, par exemple, commettre une action blâmable ? Fumez une cigarette, endormez votre intelligence juste autant qu'il faut pour faire ce que vous réprouvez, vous vous trouverez ensuite frais et dispos, vous pourrez parler et penser avec la netteté ordinaire.

Supposons que vous êtes affecté d'une sensibilité maladive et que vous sentez trop vivement le remords d'une faute que vous avez commise : fumez une cigarette, et le remords rongeur s'évanouira dans la fumée du tabac. Vous pouvez aussitôt vous occuper à autre chose et oublier ce qui a provoqué votre dépit.

Mais, s'il faut conclure pour tous les cas particuliers dans lesquels les fumeurs recourent au tabac — non pour satisfaire une habitude ou par passe-temps, mais comme un moyen d'endormir la conscience — ne voyons-nous pas une corrélation étroite et nette entre le genre de vie des hommes et leurs passions pour le tabac ?

Quand les jeunes gens commencent-ils à fumer ? Presque invariablement lorsqu'ils ont perdu l'innocence de l'enfance. Pourquoi les hommes qui fument peuvent-ils abandonner cette habitude lorsqu'ils arrivent à un plus haut degré de développement moral, tandis que d'autres se remettent à fumer aussitôt qu'ils se trouvent dans un milieu inférieur qui favorise ce vice ?

Pourquoi presque tous les joueurs sont-ils de grands fumeurs ? Pourquoi les femmes qui mènent une vie irréprochable, morale, ne fument-elles pas en général ? Pourquoi les courtisanes et les névrosées fument-elles toutes sans exception. Certes, dans ce cas, l'habitude est un facteur qu'on ne doit pas négliger, mais, tout en le prenant en considération, nous devons quand même admettre qu'il existe une certaine corrélation nettement exprimée, indiscutable, entre l'usage du tabac et la nécessité d'étouffer la conscience, et que cet usage produit certainement, sans aucun doute, un pareil effet.

## IV

Jusqu'à quel degré l'usage du tabac peut-il étouffer la voix de la conscience ?

Nous n'avons pas besoin de chercher des données pour la solution de cette question dans les cas exceptionnels du crime et des remords. Il suffit d'observer l'attitude de tous les fumeurs. Tout fumeur, lorsqu'il s'adonne à sa passion, oublie et dédaigne les règles les plus élémentaires des convenances dont il exige cependant l'observation par les autres et qu'il observe lui-même dans tous les autres cas, lorsque sa conscience n'est pas complètement engourdie par le tabac.

Toute personne d'éducation moyenne considère comme inconvenant et même grossier de déranger la tranquillité ou la commodité des autres, et surtout de nuire à leur santé pour la satisfaction d'un plaisir personnel.

Personne ne se permettrait, par exemple, de crier dans une chambre où se trouve du monde, d'y faire entrer de l'air trop froid ou infecté de mauvaises odeurs. Tandis que sur mille fumeurs, il ne s'en trouverait peut-être pas un qui se priverait de remplir de fumée une chambre où se trouvent des femmes et des enfants. Si, avant d'allumer sa cigarette ou son cigare, il en demande la permission

Léon Tolstoï

aux personnes présentes, tout le monde sait qu'il s'attend sûrement à cette réponse : « Mais comment donc, je vous en prie ». On ne peut s'imaginer cependant combien doit être désagréable, pour ceux qui ne fument pas, de respirer un air empoisonné par l'odeur du tabac et les bouts de cigarette qui traînent dans les verres, les tasses, les chandeliers, les assiettes, ou même seulement dans les cendriers.

Si l'on suppose même que les adultes qui ne fument pas peuvent supporter toutes ces incommodités, on ne peut affirmer que cela soit sain pour les enfants auxquels on ne demande jamais la permission de fumer. Et cependant des personnes très honorables et très charitables sous tous les rapports fument en présence des enfants, à table, dans de petites pièces, et cela sans remords.

On donne ordinairement ce prétexte pour justifier cette habitude, et je l'ai fait moi-même autrefois, que la fumée aide au travail intellectuel. Si l'on se borne à apprécier la quantité du travail intellectuel accompli, cette objection se trouve justifiée.

L'homme qui fume et qui, par conséquent, a cessé de mesurer et de peser ses pensées, croit tout naturellement que son cerveau est rempli d'idées. À la vérité, ses idées ne sont pas devenues plus nombreuses, mais il a perdu tout empire sur elles.

L'homme qui travaille a conscience des deux êtres distincts qui sont en lui : celui qui accomplit l'œuvre, et celui qui la juge. Plus son jugement est sévère, plus son travail se fera lentement, mais avec plus de perfection, et *vice versa*. Mais si le juge se trouve sous l'influence d'un excitant ou d'un narcotique, la somme de travail accomplie sera plus considérable, mais inférieure en qualité.

« Si je ne fume pas, je ne puis travailler ; je ne puis exposer mes pensées sur un sujet, et si même j'arrive à pouvoir commencer, je ne puis continuer sans fumer. »

Ainsi raisonnent généralement les hommes, et c'est aussi ce que je faisais moi-même autrefois. Mais quel est le sens véritable de ces paroles ? Cela signifie, ou bien que vous n'avez rien à dire, ou bien que les idées que vous cherchez à exprimer ne sont pas encore mûres dans votre cerveau : elles ne sont qu'à l'état naissant, et le sentiment critique qui est en vous et qui n'est pas étouffé par l'action du tabac vous l'indique très nettement. Ainsi donc, si vous n'étiez pas un fumeur, vous attendriez patiemment, dans de telles conditions, ou bien que vous ayez une représentation nette du sujet que vous voulez traiter, ou bien vous vous efforceriez, en entrant hardiment dans la question, de vous l'assimiler complètement en pesant et en discutant les objections qui naîtraient dans votre esprit et en mettant vos pensées au net.

Au lieu de cela, vous prenez une cigarette et vous fumez. Votre sens critique s'efface, s'engourdit, et l'obstacle qui vous gênait pour votre travail disparaît. C'est que ce qui vous semblait insuffisant, futile, tant que votre cerveau était encore lucide, vous paraît maintenant grand, remarquable ; que ce qui jusqu'ici vous frappait par son incohérence, vous semble tout autre maintenant. Vous passez facilement sur les objections qui se dressaient autrefois dans votre esprit, vous continuez à écrire et vous constatez à vôtre grande joie que vous pouvez écrire avec abondance et rapidité.

## V

Mais est-il possible qu'un changement aussi insignifiant, presque imperceptible comme la rougeur légère que l'animation fait monter au visage par suite de l'usage modéré du vin et du tabac, puisse conduire à des résultats aussi sérieux ? Sans doute, pour l'homme qui fume l'opium, mâche le hachich, boit l'alcool avec si peu de modération qu'il en tombe sans connaissance, les conséquences peuvent être, en effet, très importantes. Mais il n'en est pas ainsi lorsqu'on fait usage de ces substances seulement dans la mesure suffisante pour provoquer une excitation agréable.

Telle est l'objection qu'on fait ordinairement à ce sujet. Les hommes pensent que l'ivresse commençante — qui est une éclipse partielle — ne peut occasionner des désordres aussi graves. Mais il est aussi peu raisonnable de le croire que de s'imaginer, par exemple, que le ressort d'une montre ne peut être brisé que si on la frappe sur une pierre, et qu'elle ne se dérangera nullement si l'on introduit dans le boîtier intérieur un petit morceau de bois ou un autre corps étranger.

Il ne faut pas perdre de vue que le travail, qui est le principal moteur du perfectionnement de la vie humaine, consiste, non pas dans le mouvement des bras, des jambes et du dos, mais dans les modifications de la conscience. Avant qu'un homme puisse faire quelque chose de ses bras et de ses jambes, une certaine transformation doit absolument s'accomplir dans sa conscience, et de cette transformation dépendent les actions ultérieures de l'homme. Mais ces transformations sont à peine perceptibles.

Un peintre russe, Brulow, corrigeait un jour un dessin d'un de ses élèves. Il donna quelques traits de crayon çà et là, mais le résultat fut tel cependant que l'élève s'écria :

— Mais vous n'avez fait que deux ou trois traits à peine à mon dessin et il se trouve complètement changé.

Brulow répondit :

— L'art ne commence que là où des traits à peine perceptibles produisent de grands changements.

Ces paroles sont remarquablement justes, non seulement par rapport à l'art, mais à toutes les choses de la vie humaine.

Nous avons le droit d'affirmer que la véritable vie commence là seulement où apparaissent les traits à peine perceptibles, où les modifications qui se produisent sont si infinitésimales qu'elles ne semblent pas dignes d'attirer notre attention.

Ce n'est pas là où s'accomplissent de grands changements extérieurs, lorsque les peuples se mettent en mouvement, se rencontrent et se combattent, ce n'est pas là qu'il faut chercher la véritable vie ; mais c'est là où se produisent les changements à peine perceptibles.

Prenez, par exemple, Raskolnikov.[1] Sa véritable vie ne commence pas lorsqu'il a tué la vieille femme et sa sœur.

En projetant de tuer la vieille et surtout en tuant sa sœur, il ne vivait pas d'une façon consciente, mais il agissait comme un automate remonté, faisant ce qu'il ne pouvait plus ne pas faire, et il faisait partir toute la charge meurtrière qui était amoncelée en lui depuis longtemps. Une vieille femme assassinée était étendue devant lui, l'autre se trouvait là à sa portée, et la hache était entre ses mains.

La véritable vie de Raskolnikov ne commence pas au moment où il rencontre la sœur de la vieille femme, mais à celui où il n'a

---

1 Le héros du *Crime et Châtiment*. Roman de Dostoïevsky.

encore tué ni l'une ni l'autre, lorsqu'il n'est pas encore entré dans cet appartement étranger avec l'intention de commettre un crime, lorsque la hache n'est pas encore dans ses mains, et que la pensée de cette vieille usurière n'est même pas encore entrée dans son esprit. Sa véritable vie a commencé au moment où, étendu sur le divan de sa chambre, il ne pensait ni à la vieille, ni à juger s'il était juste ou non d'obéir à la volonté d'un seul homme et de faire disparaître de la surface de la terre un autre être humain indigne ; lorsqu'il se demandait s'il devait ou non rester à Pétersbourg, continuer à accepter l'argent de sa mère, et, en général, lorsqu'il pensait à toute sorte de choses qui n'avaient aucun rapport avec la vieille usurière.

Dans ces conditions, la plus grande netteté de jugement où l'on puisse atteindre a une extrême importance pour la solution juste des questions qui peuvent naître au moment donné. Et c'est dans ce moment-là que l'absorption d'un seul verre de vin, la fumée d'une cigarette peut empêcher cette solution, la retarder, étouffer la voix de la conscience ou enfin résoudre la question suivant les plus bas instincts de notre nature, comme il arriva pour Raskolnikov.

Lorsque l'homme a pris une décision et a commencé à la réaliser, c'est alors que des changements importants se produisent dans le monde extérieur. De grandes constructions peuvent être détruites, des trésors jetés au vent, des êtres humains anéantis, mais rien, absolument rien, ne peut être fait avant quela conscience de l'homme ne l'ait résolu depuis longtemps.

Je veux me faire bien comprendre : ce que je dis maintenant n'a rien de commun avec la question du libre arbitre et du déterminisme. L'examen de cette question est absolument inutile ici, parce qu'elle n'a aucun rapport à l'objet principal de cette étude, et je pense même qu'elle est absolument inutile dans toute œuvre sensée.

Ainsi donc, laissant de côté la question de savoir si l'homme est libre ou non d'agir selon sa volonté, — le problème, il me semble, est d'ailleurs mal posé, — j'insiste dans ce cas particulier seulement sur ce fait que puisque l'activité humaine se définit par des modifications à peine perceptibles de la conscience, il s'ensuit, — peu importe que nous acceptions ou non la théorie du libre arbitre, — qu'il est impossible de ne pas attirer l'attention sur l'état d'esprit

Léon Tolstoï

dans lequel ces changements s'effectuent, de même qu'il faut observer le plus consciencieusement possible l'état de la balance où nous voulons peser des objets précieux.

Nous sommes obligés, autant qu'il dépend de nous, de nous entourer et d'entourer les autres des conditions les plus favorables pour la précision et la netteté de la pensée qui sont si nécessaires pour le bon fonctionnement de notre conscience, et il va sans dire que nous devrions faire tendre tous nos efforts à ne pas enrayer le bon fonctionnement de notre conscience par l'absorption de narcotiques.

En effet, l'homme est tout à la fois un animal et un être intellectuel.

On peut provoquer son activité aussi bien en agissant sur sa nature morale que sur sa nature animale. Il n'y a pas de doute à cet égard. Tout le monde a pu s'en convaincre.

Mais souvent les hommes éprouvent le besoin de se dissimuler la vérité à eux-mêmes. Ils ne se soucient pas tant d'assurer la régularité du fonctionnement de leur conscience que de se convaincre de la droiture et de l'honnêteté de leurs actes ; et pour se faire cette conviction, ils recourent volontairement à des moyens qui, ils le savent eux-mêmes fort bien, empêchent la fonction régulière de leur conscience.

## VI

Ainsi les hommes boivent et fument, non seulement parce qu'ils n'ont pas encore trouvé de meilleur passe-temps et pour se « remonter », et non seulement parce que c'est un plaisir, mais surtout et avant tout pour étouffer la voix de leur conscience — Si cela est, combien les conséquences en doivent être terribles !

En effet, imaginez seulement quel étrange édifice les hommes construiraient si, pour bâtir les murs, ils refusaient de se servir du fil à plomb et de l'équerre pour mesurer les angles, préférant au premier une règle en plomb qui plie et s'adapte à toutes les sinuosités des surfaces, et au second un compas qui cède à chaque mouvement et qui s'applique également bien à un angle aigu ou obtus ?

L'Alcool et le Tabac

Cependant, c'est précisément ce que font aussi ceux qui s'abrutissent avec l'alcool et le tabac. Ce n'est plus la vie qui dirige la conscience, c'est la conscience qui plie et se modèle sur la vie.

Voilà ce que nous voyons se produire dans la vie des individus isolés. La même chose se passe dans la vie de toute l'humanité qui représente l'ensemble de toutes les vies isolées.

Pour se rendre un compte exact des résultats produits par l'engourdissement de la conscience, le lecteur n'a qu'à se représenter son état d'esprit dans les principales périodes de sa vie. Il se rappellera alors qu'au cours de chacune de ces périodes, il s'est trouvé face à face avec certains problèmes moraux qu'il devrait résoudre dans l'un ou l'autre sens et dont la solution devait décider du bonheur de toute sa vie.

Trouver la solution juste après une étude approfondie du problème est impossible si l'on n'y applique toute l'attention ; mais cette application est un effort. Tout travail présente ordinairement dans ses commencements une période particulièrement désagréable et nous apparaît comme pénible et ennuyeux ; on pense alors à l'abandonner, par suite de la faiblesse de notre nature.

Le travail physique est pénible, mais le travail intellectuel nous parait l'être bien davantage. Selon la remarque de Lessing, les hommes ont l'habitude de cesser de penser dès que le processus du raisonnement devient pénible. J'ajoute que c'est précisément à ce moment-là que le travail devient fructueux. L'homme sent instinctivement que les problèmes moraux qui se dressent devant lui et qui exigent avec instance une solution immédiate, ces problèmes de sphinx auxquels il faut répondre à tout prix, ne peuvent pas être examinés sérieusement sans un effort constant et persévérant, et c'est ce qui le rebute. Et alors, s'il était dépourvu de moyens propres à engourdir ses facultés intellectuelles, il lui serait impossible d'effacer des tables de sa conscience les questions du jour, et, bon gré mal gré, il se trouverait dans des conditions qui exigeraient une réponse et qui n'admettent ni refus ni délai.

Mais voilà qu'il trouve le bon moyen de retarder la solution de ces questions urgentes chaque fois qu'elles se dressent devant lui, et il en profite. Dès que la vie lui demande une solution avec insistance et le harcèle pour l'obtenir, il a recours à ce moyen artificiel et se débarrasse ainsi de l'ennui qu'il en éprouve. Sa conscience ne le force plus à résoudre rapidement les problèmes de sa destinée, et il reste sans solution jusqu'à ce qu'il soit lucide et que sa conscience lui donne un nouvel assaut. La même chose se répète indéfiniment pendant des mois, des années, et souvent pendant toute la vie, et l'homme continue à se trouver toujours en face des mêmes problèmes moraux sans jamais faire un pas vers la solution.

Et cependant le progrès de la vie humaine consiste dans la solution des problèmes moraux. L'homme ne le comprend pas ainsi. Il procède comme celui qui, ayant perdu une perle dans un ruisseau et voulant éviter de plonger dans l'eau froide, trouble l'eau comme exprès pour ne pas voir la perle et recommence chaque fois que l'eau redevient limpide. L'homme qui recourt à des moyens artificiels pour engourdir ses facultés reste souvent immobile pendant toute sa vie. Il demeure à la même place, voit le monde à travers le brouillard d'une conception contradictoire de la vie admise une fois pour toutes. Dès qu'une lueur apparaît à son esprit, il se recule jusqu'au mur infranchissable derrière lequel il s'est déjà réfugié de la même façon il y a dix, quinze et même vingt ans, et dans lequel il ne peut pratiquer une brèche, parce qu'il continue avec entêtement à engourdir sa pensée qui, seule, lui donnerait le moyen d'aplanir l'obstacle.

Tout le monde a la possibilité de contrôler la vérité de cette image sur lui-même et sur les autres. Qu'il évoque devant les yeux de son âme les événements principaux de sa propre vie pendant la période où il s'adonnait à l'alcool et au tabac, et qu'il examine la même période de la vie des autres. Il apercevra nettement alors une ligne de démarcation caractéristique séparant les buveurs et les fumeurs de ceux qui ne le sont pas, car plus l'homme fait usage de narcotiques et d'excitants, plus il s'abrutit et s'immobilise au point de vue intellectuel et moral.

## VII

Les maux causés par l'opium et le hachich et qui nous ont été plus d'une fois décrits, sont vraiment terribles. Terribles aussi sont les effets de l'alcoolisme que nous sommes chaque jour à même d'observer, sur les ivrognes invétérés. Mais plus terribles encore, sans comparaison aucune, pour la société tout entière sont les effets de l'absorption modérée des spiritueux et du tabac, habitude à laquelle la majeure partie des hommes, notamment dans la classe soi-disant bien élevée, se laissent aller parce qu'ils la considèrent comme inoffensive.

Ces conséquences ne peuvent être que terribles, si nous admettons, ce qu'il est impossible de nier, que les classes dirigeantes politiciens, administrateurs, savants, artistes, — se trouvent, par suite de cette habitude, dans un état d'esprit anormal, qui, pour appeler les choses par leur nom, sont en état d'intoxication.

On admet généralement qu'un homme, se livrant chaque jour, ainsi que le font les membres de nos classes riches, à une légère absorption de boissons alcooliques avant chaque repas, se trouve, le jour suivant, pendant les heures de travail, dans un état d'esprit parfaitement normal. C'est une grave erreur. L'homme qui, la veille, a bu une bouteille de vin, un verre d'eau-de-vie, deux chopes de bière, se trouve le lendemain dans un état d'affaiblissement qui suit toujours l'intoxication du jour précédent. Il est donc mentalement oppressé et prostré, et cette sensation ne fait que s'accroître quand il fume.

Un individu qui boit et fume modérément mais régulièrement chaque jour a besoin, — pour que son cerveau revienne à l'état normal, — tout au moins d'une semaine, probablement de plus d'une semaine d'abstinence complète. Or il n'existe pas de fumeur ni de buveur qui s'abstienne volontairement pendant une période de temps aussi longue.

Il suit de là que tout ce qui se fait sur cette terre, aussi bien par ceux dont la profession est de guider et d'enseigner les autres que par ceux qui sont ainsi guidés et enseignés est fait sous l'influence de l'ivresse.[1]

1 Mais, comment expliquerons-nous ce fait indéniable que les gens qui ne boivent ni ne fument jamais sont fréquemment à un niveau intellectuel et moral incomparablement plus bas que les buveurs et les fumeurs invétérés ?

Comment se fait-il aussi que les gens qui boivent et fument donnent souvent des preuves de grandes qualités morales et intellectuelles ?

On peut répondre à ces objections qu'en premier lieu nous ignorons quel degré de supériorité auraient atteint les individus en question s'ils n'avaient jamais

J'ai l'espoir que l'on ne prendra pas ceci pour une plaisanterie ou une exagération. En effet les extravagances, en particulier l'inconscience et la folie, naissent communément dans un milieu où l'intempérance est une habitude invétérée.

Est-il concevable que des gens qui ne sont pas ivres, s'occupent de mettre à exécution tant de choses extraordinaires qui s'accomplissent dans le monde, depuis la Tour Eiffel jusqu'au service militaire ? C'est absolument inconcevable. Sans qu'on éprouve le moindre besoin, même sans qu'il existe un semblant de besoin, une compagnie est formée, un capital considérable est souscrit, des gens se mettent au travail pour établir des devis, tirer des plans ; des millions de jours de travail et des millions de kilogrammes de fer sont employés à la construction d'une tour. Quand cette tour est finie, des millions de personnes considèrent comme un devoir de monter au sommet de cette tour, d'y rester quelques instants, d'en descendre en glissant ou en rampant, et le seul effet produit sur l'esprit des hommes par cette tour, par la fréquence des ascensions qu'on y fait, est le désir et la résolution d'édifier des tours encore plus élevées, en d'autres lieux.

VIII

Passons à un autre exemple. Tous les États de l'Europe se sont occupés et s'occupent activement depuis une vingtaine d'années d'inventer et de perfectionner les armes de guerre.

Ils enseignent soigneusement la science du meurtre organisé à tous les jeunes gens qui ont atteint l'âge viril. Ils savent bien que les

---

bu ni fumé. En second lieu, du fait que des peuples d'une grande intelligence tout en se soumettant à l'action débilitante des poisons stimulants le cerveau, ont fait néanmoins des choses merveilleuses et sublimes, nous ne pouvons tirer que cette seule conclusion, qu'ils auraient accompli des choses encore plus grandes s'ils n'avaient pas obscurci ni entravé leurs facultés. Il est fort probable que les livres de Kant n'auraient pas été écrits dans un si mauvais style, si leur auteur n'avait pas été un fumeur invétéré. Enfin, il ne faut pas oublier que plus un homme se trouve a un degré inférieur de l'échelle morale et intellectuelle, moins il sent vivement la discordance choquante existant entre son moi et la vie elle même ; et par suite, moins il éprouve le besoin des toxiques. C'est pour une raison analogue que les natures les plus sensibles, celles qui ressentent de la manière la plus pénible, la plus maladive la discordance existant entre la vie et la conscience, sont celles qui s'adonnent le plus aux narcotiques qui ruinent leur santé.

invasions des barbares ne sont plus possibles, et que ces préparatifs de meurtre sont dirigés par des nations chrétiennes, civilisées, contre d'autres nations chrétiennes et civilisées. Tout le monde sent bien que c'est là une chose absurde, néfaste, ruineuse, immorale, impie, et cependant on persiste à continuer les préparatifs dans le but de s'entre-tuer. Les uns élaborent des combinaisons politiques, concluent des alliances, règlent la question de savoir qui égorgera et qui sera égorgé ; d'autres dirigent les travaux de ceux qui s'occupent à tenir tout prêt pour le massacre ; d'autres enfin, se résignent, contre leur propre volonté, contre leur conscience, contre leur raison, à ces préparatifs de meurtre. Des hommes, à l'esprit lucide pourraient-ils agir de la sorte ? Il n'y a que des alcoolisés, des intoxiqués qui puissent faire de telles choses, qui puissent continuer à vivre au milieu de cette lutte perpétuelle, terrible, irréconciliable entre la vie et la conscience, lutte dans laquelle, non seulement sous ce rapport, mais encore sous tous les autres, les gens de ce monde passent toute leur existence.

Jamais, j'en suis convaincu, à aucune autre période de l'histoire, l'humanité n'a mené une existence dans laquelle les inspirations de la conscience et l'action fussent, autant qu'à présent, en opposition évidente.

Il semble que de nos jours la race humaine soit attachée à quelque chose qui la retient, qui empêche ses progrès. Il semble qu'il existe quelque cause mystérieuse qui l'empêche d'atteindre la perfection à laquelle elle a le droit de prétendre par sa conscience. Une des raisons majeures de cet état de choses, est l'usage habituel, et si répandu, des boissons alcooliques et du tabac qui stupéfient le système nerveux.

La guérison de cette terrible maladie de l'humanité marquera une nouvelle ère dans l'existence de notre race ; elle ne peut d'ailleurs tarder à surgir. Le mal est déjà reconnu, même aujourd'hui, où la plupart des hommes se trouvent sous l'influence des poisons stimulants du cerveau et des narcotiques. La masse commence à ressentir les terribles méfaits que commettent ces poisons et essaie de réagir. Ce changement imperceptible dans la conscience doit inévitablement amener à sa suite la délivrance de l'humanité qui se soustraira à l'influence de ces poisons.

Léon Tolstoï

Cette émancipation de l'humanité lui ouvrira les yeux. Elle écoutera mieux alors les inspirations de sa conscience et elle mettra sa vie d'accord avec les ordres de cette même conscience.

Ce processus semble avoir déjà commencé dans les hautes classes sociales après que toutes les classes inférieures se sont trouvées infectées de ce mal.

## L'Ivresse dans les classes dirigeantes

Qu'y a-t-il de pire au monde que les fêtes chez les villageois ? Aucune autre circonstance ne montre plus évidemment la sauvagerie et la laideur de la vie populaire.

Voici des hommes qui vivent sobrement pendant toute la semaine bien qu'ils aient une bonne nourriture, qui travaillent avec application et chez lesquels règnent l'accord et la bonne camaraderie.

Des semaines, des mois entiers se passent ainsi et, tout à coup, cette vie régulière se trouve brusquement interrompue sans qu'on sache bien exactement pourquoi. Un certain jour, fixé d'avance, tous cessent de travailler et dès le milieu du jour se mettent à manger d'excellents mets, à boire en quantité de la bière et de l'eau-de-vie Tous boivent. Les vieux forcent à boire les jeunes et même les enfants. Tous se congratulent, s'embrassent, crient, chantent, tantôt s'attendrissent, s'exaltent ou se disputent. Tous parlent et personne n'écoute. Des cris, des discussions, parfois même des batailles. Vers le soir il y en a qui trébuchent, qui tombent et qui s'endorment sur place. D'autres sont emmenés par ceux qui peuvent encore se tenir debout. Enfin les derniers se roulent par terre on imprégnant l'air d'odeurs alcooliques.

Le lendemain tous ces gens se réveillent malades et en rentrant peu à peu dans leur état habituel ils reprennent leurs occupations jusqu'à ce qu'une nouvelle occasion se présente

De quoi s'agit-il ? Pourquoi cela ? C'est la fête la fête d'un saint quelconque, saint Pierre, saint Paul, n'importe. Et pourquoi fêter saint Pierre ou saint Paul ? Tous l'ignorent. On sait seulement que c'est la fête d'un saint et qu'il faut s'amuser. Et voilà tout. Et l'on attend cette circonstance avec une impatience doublée par le labeur écrasant de chaque jour.

Oui, c'est une des manifestations les plus frappantes de la sauvagerie des hommes du peuple. Le vin et le plaisir les tentent tellement qu'ils ne peuvent s'y refuser. Et chacun d'eux est prêt à s'enivrer comme un pourceau.

## I

Oui, il est sauvage le peuple. Mais invariablement, un jour de janvier, les journaux publient l'avis suivant ;

« Le banquet des anciens élèves de l'Université impériale de Moscou aura lieu le 12 janvier, anniversaire de sa fondation, à 5 heures du soir, dans tel ou tel restaurant. On peut se procurer des billets à raison de six roubles, dans tel ou tel endroit. »

Mais ce banquet n'est pas unique. Il y en a beaucoup d'autres encore, à Moscou et à Pétersbourg, et dans presque toutes les villes de province, car le 12 janvier est le jour anniversaire de la fondation de notre plus vieille université ; c'est la fête du progrès, de la civilisation en Russie. La fleur de l'intelligence s'associe à cette solennité.

Il semblerait que des hommes placés aux deux extrêmes de la civilisation, tels que les moujiks sauvages et les hommes les plus instruits de la Russie, les moujiks qui fêtent saint Pierre ou saint Paul, et les hommes instruits qui célèbrent une fête de l'intelligence, doivent se conduire d'une façon absolument opposée. Il arrive cependant que la fête des hommes les plus instruits ne se distingue en rien, dans sa forme extérieure, de celle des moujiks sauvages.

Les moujiks ne se soucient nullement de la signification de la fête de saint Pierre ou de saint Paul, c'est tout simplement pour eux un prétexte à bien boire et à bien manger. Les hommes instruits profitent également du jour de la Sainte-Tatiana,[1] pour boire et manger, sans se préoccuper autrement du motif qui les a réunis.

Les moujiks mangent de la soupe, des pieds à la gelée ; les hommes instruits mangent des homards, des filets, du fromage, etc.

---

1 Le 12 janvier.

Léon Tolstoï

Les moujiks boivent de l'eau-de- vie et de la bière, et les hommes instruits toutes sortes de liqueurs, de la fine Champagne, des vins secs ou doux, amers ou sucrés, blancs ou rouges, etc.

La dépense de chaque moujik varie de 20 kopeks à un rouble, celle de l'homme instruit de 6 à 20 roubles.

Les moujiks protestent de leurs bons sentiments pour leurs voisins et chantent des chansons populaires. Les hommes instruits parlent de leur attachement pour l'*alma mater* et avec des bouches pâteuses chantent des insanités latines. Les moujiks roulent dans la boue et les hommes instruits sur les divans en velours. Ce sont les femmes et les fils qui portent les moujiks chez eux. Les hommes instruits sont reconduits par des laquais railleurs et de sang-froid.

## II

Non, vraiment, c'est épouvantable ! Il est épouvantable que des hommes qui pensent, qui sont arrivés au plus haut degré de l'instruction, ne sachent célébrer une fête intellectuelle par aucune autre manifestation que de manger, boire, fumer, crier, s'enivrer pendant plusieurs heures de suite. Il est épouvantable que des hommes âgés, les maîtres de la jeunesse, contribuent à son empoisonnement par l'alcool, à un empoisonnement qui, semblable à celui du mercure, laisse pour toujours des traces dans l'organisme

Des centaines et des centaines de jeunes gens se sont enivrés pour la première fois à cette fête de l'intelligence et se sont perdus pour toujours. Mais ce qui est plus épouvantable encore, c'est que les hommes qui agissent ainsi ont l'intelligence tellement obscurcie par la vanité qu'ils ne peuvent plus distinguer le bien du mal, ce qui est moral de ce qui ne l'est pas. Ces hommes se sont tellement persuadé à eux-mêmes que la situation dans laquelle ils se trouvent est celle de privilégiés de la civilisation et de l'instruction et qu'elle absout toutes leurs faiblesses, qu'ils ne peuvent plus apercevoir la poutre qu'ils ont dans les yeux. Ces hommes qui s'adonnent à ce qu'on ne peut qualifier autrement que d'ivresse abjecte se glorifient eux-mêmes et plaignent le peuple ignorant.

L'Ivresse dans les classes dirigeantes

# III

Toutes les mères souffrent à la seule pensée que leurs fils puissent s'enivrer. Aucun patron ne veut employer un ouvrier ivrogne Tout honnête homme rougit lorsqu'il se souvient de s'être enivré. En un mot, tous savent que l'ivrognerie est un vice dégradant.

Et nous voyons cependant des gens instruits s'enivrer avec la conviction non seulement qu'ils n'ont rien à se reprocher, mais qui, encore, aiment à raconter les folies et les extravagances dont cette ivresse a été l'occasion.

On en est arrivé à ce résultat que tous les ans, des hommes faits et des jeunes gens, ceux-ci excités par les premiers, se livrent à une orgie des plus dégoûtantes, au nom de l'instruction et de la civilisation, et sans que personne en soit choqué. Et cela ne les empêche pas, lorsqu'ils sortent de ces orgies, de se montrer très fiers de leurs sentiments élevés et de leur supériorité intellectuelle, et de condamner l'immoralité de leurs semblables, et particulièrement du peuple ignorant et sauvage.

Le moujik se considère comme coupable lorsqu'il s'est enivré et s'en excuse auprès de tout le monde

Malgré cette défaillance passagère il a toujours conscience du bien et du mal. Cette faculté commence à disparaître dans notre société.

Eh bien, soit ! Vous êtes habitué à vous conduire ainsi et vous ne pouvez vous en corriger. Eh bien ! continuez puisque vous ne pouvez faire autrement.

Mais sachez seulement qu'il est aussi honteux, aussi vil d'agir ainsi, le 12 janvier par exemple, que tous les autres jours de l'année. Et sachant cela, livrez-vous au moins à vos mauvais penchants en vous cachant aux yeux de tous et non comme aujourd'hui, ouvertement et solennellement et en démoralisant les jeunes, vos frères cadets, ainsi que vous les appelez.

Ne troublez pas les jeunes gens avec cette doctrine qu'il existe une autre morale ne consistant pas dans l'abstinence. Tous savent, et vous les premiers, que la première des vertus civiques est colle de fuir le vice, que tout excès est condamnable, surtout celui des boissons qui est le plus dangereux, parce qu'il tue la conscience

Aussi, avant de parler de sentiments et d'actions élevés, il faut se débarrasser tout d'abord de l'ivrognerie, car on ne doit point traiter ces questions dans un état d'inconscience. Ne trompez donc ni vos semblables, ni vous-mêmes, et surtout ne trompez pas les jeunes gens,

## IV

Et vous le savez fort bien, vous savez qu'il n'y a rien de plus grand, de plus important que la pureté de l'âme et du corps qui se trouvent souillés par l'ivresse. Vous savez que votre rhétorique creuse avec votre éternelle *alma mater* ne vous émeut même pas personnellement lorsque vous n'êtes encore qu'à demi-ivre et que vous n'avez rien à donner aux jeunes gens en échange de l'innocence et de la pureté qu'ils perdent en prenant part à vos orgies.

Sachez donc que de même qu'il était honteux pour Noé, ainsi qu'il l'est pour les moujiks, il est honteux même pour chacun de vous, non seulement de boire au point de pousser dos cris inconscients, de grimper sur la table et faire toutes sortes d'extravagances ; mais il est honteux, sous prétexte de célébrer une fête intellectuelle, de manger et de boire à l'excès.

Ne démoralisez pas non plus par votre exemple les domestiques qui vous entourent. Ces centaines et ces centaines de gens qui vous servent à table, qui vous conduisent chez vous, sont des hommes comme vous, des hommes pour lesquels les questions vitales du bien et du mal existent ainsi que pour nous tous.

Il est encore heureux que tous ces laquais, cochers, portiers, gens de village, ne vous prennent pas pour ce que vous vous donnez, c'est-à-dire les représentants de la civilisation. S'ils vous croyaient, ils seraient absolument désillusionnés et dégoûtés même de cette civilisation.

## V

On peut se poser cette question : Qu'est-ce qui produit le plus d'effet sur le peuple, ou cette civilisation qui se répand à l'aide des cours et des musées publics, ou bien la sauvagerie qu'on entretient dans son milieu par le spectacle de solennités célébrées par les hommes les plus instruits de toute la Russie ? Pour moi, je pense que si l'on cessait tous ces cours et si l'on fermait les musées, et qu'en même temps ces sortes de banquets et de fêtes fussent supprimés, et que si les cuisinières, les femmes de chambre, les cochers et les concierges s'entretenaient de ce que les hommes instruits qu'ils servent ne s'entretiennent plus dans leurs solennités, où dominent la gloutonnerie et l'ivrognerie, s'ils savaient se réjouir sans vin, la civilisation, certes, n'y perdrait pas.

Il est temps de comprendre qu'on ne répand pas la civilisation seulement par des conférences et des cours, pas seulement par la parole et la lecture, mais surtout par l'exemple qui est la meilleure propagande, et que la civilisation qui n'est pas basée sur la vie morale n'a jamais été et ne sera jamais une civilisation, mais la continuation sous une autre forme de la sauvagerie et de l'immoralité.

## Des relations entre les sexes

### I

J'ai reçu et je continue à recevoir chaque jour de nombreuses lettres de personnes inconnues qui me demandent d'exposer avec sincérité et dans un langage simple mes vues personnelles sur le sujet que j'ai traité dans mon roman intitulé *La Sonate à Kreutzer*.

Je vais essayer de répondre de mon mieux à cette question.

Tout d'abord je pense qu'on voudra bien admettre en général que je ne m'écarte pas de la vérité en disant que beaucoup de personnes condamnent la conduite des jeunes gens vis-à-vis des femmes, laquelle est incompatible avec la morale stricte, et que d'un autre côté elles les absolvent en mettant sur le compte de prétendus besoins physiques cette conduite immorale et dissolue.

Partant de ce point de vue les parents aussi bien que les législateurs peuvent être accusés de former les yeux sur de semblables dérèglements et même de les encourager. Eh bien ! ils ont tort.

On ne peut admettre que le bien-être des uns exige le malheur des autres. Nous devons rejeter une doctrine aussi immorale dans son essence sans nous préoccuper des bases plus ou moins solides sur lesquelles la société l'a édifiée et de la protection qu'elle lui accorde

Il faut absolument reconnaître que les hommes doivent être à juste titre considérés comme responsables de leurs actes et que cette responsabilité ne doit plus incomber à la femme. La femme, si souvent victime de l'égoïsme de l'homme, ne doit pas plus longtemps supporter seule le poids d'une faute commise avec un complice. Il suit de là que le devoir des célibataires qui ne veulent pas mener une vie infâme, est de garder vis-à-vis de toutes les femmes qu'ils rencontrent dans la société, la même réserve qu'ils observent à l'égard de leur mère et de leur sœur.

Il y aurait lieu d'adopter un genre de vie plus rationnel dont seraient exclus les excès de nourriture et d'alcool et dans laquelle on aurait recours au travail physique.

Par travail physique, je n'entends ni la gymnastique ni l'escrime, en un mot aucun de ces exercices qui sont en grand honneur aujourd'hui parce qu'ils constituent une distraction de bon ton. Je veux parler du véritable travail qui fatigue. Il est inutile de chercher des preuves pour démontrer que la sobriété n'est pas seulement possible mais qu'elle est surtout beaucoup moins nuisible que les excès. Chacun de nous pourrait citer à ce propos une foule d'exemples.

Tel est mon premier argument.

En second lieu, pour toutes sortes de raisons qu'il n'est pas nécessaire de développer ici, puisque je constate simplement un fait, l'infidélité conjugale est devenue beaucoup plus fréquente qu'autrefois et est considérée comme moins répréhensible depuis que des romanciers de talent ont plaidé chaleureusement sa cause. C'est un tort.

L'origine du mal est double. Il provient d'abord de l'instinct naturel et ensuite de ce qu'on attache à cet instinct une place beaucoup plus importante qu'il ne mérite. En tel état de cause, on ne peut remédier au mal qu'on introduisant un changement dans la manière de voir actuellement en vogue sur ce qu'on appelle le « devenir amoureux » et surtout dans ce que ce terme implique.

Il faut donner aux hommes et aux femmes une éducation dans laquelle l'influence et les bons exemples de la famille seront prépondérants et créer dans l'opinion publique un courant d'idées saines en vue de faire pratiquer cette abstinence que la morale et la religion nous recommandent toutes deux et de faire considérer les passions bestiales comme des ennemis qu'il faut vaincre et non comme des amis qu'il faut encourager.

Tel est mon second argument.

Une autre conséquence de la fausse conception de l'amour moderne et des causes qui le font naître dans la société actuelle, c'est que la naissance des enfants a perdu sa signification première et que le mariage perd progressivement son caractère familial.

L'application pratique de ces doctrines nuit non seulement a la santé et a la vigueur physique de la femme, mais, ce qui est pire, à sa santé et à sa force morale. Cet état de choses est donc absolument condamnable. Le seul remède qu'on y peut trouver est dans une retenue qui, appréciée comme elle le mérité, est un des éléments essentiels de la dignité et de l'honneur et qui est obligatoire aussi bien après qu'avant le mariage.

Tel est mon troisième argument.

Je trouve également mauvais que les enfants (qui dans notre société sont ou bien un obstacle aux jouissances — un accident malheureux — ou bien si leur nombre est au-dessous du maximum qu'on désire atteindre, simplement une jouissance d'autre nature) soient élevés non en vue du problème qu'ils auront un jour à résoudra mais exclusivement dans la préoccupation du plaisir qu'ils procurent aux parents. On les élève comme les petits des animaux, le souci principal des parents étant non de les accoutumer aux travaux dignes de l'homme et de la femme, mais d'augmenter leur poids, leur taille, de les rendre jolis et de leur donner l'air comme il faut. On les gave de nourriture et de friandises, on les habille comme des poupées, on les comble de plaisirs et de distractions et on ne les fait pas travailler. Et les enfants des classes inférieures ne diffèrent des autres que sur ce dernier point ; encore les fait-on travailler par nécessité et non par devoir. Chez les enfants trop

Léon Tolstoï

bien nourris, de même que chez les animaux gavés de nourriture, la sensualité se développe de bonne heure, ce qui est contraire aux lois de la nature.

S'habiller avec élégance et rendre des visites pendant le jour, lire, jouer, faire de la musique, danser, souper, pendant la nuit, en un mot suivre toutes les habitudes et tous les errements de la vie moderne, telle que la représentent les dessins qui se trouvent sur les boîtes de bonbons et les éventails, telle que la représentent également les contes, les romans, les pièces de théâtre, les poésies, etc., tout cela contribue à transformer cette sensualité en un feu dévorant et donne ce résultat que les passions et les maladies sexuelles sont à l'état normal dans l'adolescence et souvent dans l'âge mûr. Est-ce là l'idéal de la vie ?

Il est grand temps que cet état de choses prenne fin.

Les enfants des hommes ne doivent pas être élevés comme des animaux, les peines qu'on se donne pour élever les enfants pourraient avoir un plus noble but que d'obtenir une poupée bien habillée.

L'importance fausse et exagérée que nous accordons à l'amour et aux états psychologiques qui l'accompagnent (que nous idéalisons) fait que les femmes et les hommes lui consacrent le meilleur de leur énergie pendant la plus grande période de leur vie et la plus remplie de promesses, en sorte qu'ils se trouvent bientôt épuisés, incapables d'action et de tous autres sentiments.

La faute de tout le mal revient en grande partie aux romanciers et aux poètes qui donnent aux choses de l'amour une importance qu'elles ne méritaient pas et qui, en idéalisant les pires égarements, séduisent ainsi les plus délicates et les plus impressionnables natures. La société moderne tend vers ce but et s'efforce de l'atteindre parce que sa conception de la vie est aussi vulgaire que chez l'homme d'une culture primitive ; mais celui-ci recherche surtout les plaisirs de l'estomac.

Au fond, la différence est nulle : l'un et l'autre se laissent guider par l'instinct.

Et c'est justement cet instinct tyrannique que l'homme civilisé doit tuer en lui comme une bête malfaisante. Le seul objectif digne de la pensée, des efforts et des travaux de l'homme est le progrès.

Des relations entre les sexes

Les services à rendre à l'humanité. Ma patrie, à la science, à l'art, sans parler de la religion, sont bien au-dessus et même dépassent de beaucoup le champ des jouissances personnelles et égoïstes. Il suit de là que le mariage, au point de vue chrétien, n'est pas un élément de progrès mais de déchéance. L'amour, ainsi que tout ce qui le précède et le suit, et malgré tous nos efforts pour prouver le contraire en vers et en prose, ne procure jamais et ne peut jamais procurer les moyens d'atteindre au but digne de l'homme ; il est au contraire un obstacle à ce but.

Tel est mon cinquième argument.


## II


Mais alors que deviendrait la race humaine :

« Si nous admettons que le célibat est préférable et plus noble que le mariage, que l'homme doit être chaste, la race humaine ne tarderait pas évidemment à disparaître. Si donc la conclusion logique de ce raisonnement est l'extinction de la race humaine, c'est que le raisonnement tout entier est faux. »

Je répondrai à cela que l'argument n'est pas de moi et que je ne l'ai pas inventé. C'est le Christ lui-même, il y a dix-neuf siècles, qui a déclaré que le célibat était préférable au mariage. Cette thèse est si clairement exposée et expliquée dans l'Évangile qu'on ne pourrait faire mieux. Depuis elle a été développée dans le catéchisme et professée en chaire. Voici ce que dit l'Évangile :

« Celui qui est déjà marié au moment où il découvre la vérité doit se résigner à vivre avec celle qui a été sa compagne jusqu'à ce jour, c'est-à-dire qu'il ne doit pas changer de femme ; mais il doit vivre plus chastement qu'auparavant. » (Saint Mathieu, XIX, 8, 12.) « Que celui qui est seul reste célibataire et continue à vivre chastement. » (Mathieu, XIX, 10, 12.) « Que l'un et l'autre, dans leurs ardentes aspirations vers une chasteté parfaite se rendent coupable d'un péché s'ils regardent une femme comme un instrument de plaisir. » (Mathieu, 28, 29.)

Telles sont les vérités que le Christ a proclamées. Et l'histoire de la race humaine porte témoignage en leur faveur. La conscience et

Léon Tolstoï

la raison de chacun les confirment également.

L'histoire nous montre l'humanité marchant sans cesse et invinciblement poussée en avant depuis l'aube à peine commençante des âges jusqu'à l'époque actuelle en progressant : passant de la polygamie et de la polyandrie à la monogamie, de la monogamie caractérisée par l'incontinence à la continence dans le mariage.

Notre conscience confirme cette vérité en nous faisant apprécier la chasteté comme une très haute vertu chez nous-même comme chez les autres.

La raison nous démontre que la continence est l'unique solution qui ne soit pas en désaccord avec les sentiments humains du problème que soulève l'excès de la population. En y réfléchissant bien on se trouve en présence d'un fait bien extraordinaire.

Voyez un peu : On laisse se propager les théories malthusiennes, on favorise la prostitution, on laisse mourir chaque année de faim et de misère des milliers d'enfants, la guerre fait une boucherie légale de millions d'êtres humains, l'État met tout en feu pour accroître et perfectionner les engins de destruction, objectif et le but nécessaires de son existence étant de faire tuer des hommes. Eh bien ! toutes ces choses se passent légalement sous nos yeux ; nous les remarquons à peine, nous ne les trouvons en aucune façon dangereuses pour l'humanité. Mais qu'un d'entre nous ose démontrer la nécessité de refréner nos passions et immédiatement l'on s'écrie que la race humaine est en danger.

Quand une personne vous demande son chemin, il y a deux façons de le lui enseigner : ou bien lui décrire chaque accident de la route en lui indiquant des points de repère, ou bien lui indiquer simplement la direction générale vers un des points cardinaux en s'orientant avec le soleil ou les étoiles dont la position est invariable.

La première de ces méthodes est celle des religions éphémères avec leur prescriptions et leurs instructions détaillées. La seconde est celle du sentiment intérieur que nous portons en nous de la vérité éternelle et immuable. Dans le premier cas certaines actions vous sont prescrites et d'autres défendues ; dans le second la ligne de conduite vous est seulement indiquée, Bien que nous reconnaissions que le but est impossible à atteindre, le sentiment inté-

50

rieur, la conscience, nous dit qu'il est le seul véritable, que nous devons le suivre et y conformer tous les actes de notre vie.

« Observez religieusement le jour du Sabbat, accomplissez le rite de la circoncision ; abstenez-vous des liqueurs spiritueuses ; ne volez point ; donnez un dixième de vos biens aux pauvres ; ne commettez pas l'adultère ; faites le signe de la croix ; recevez le sacrement de la communion ; etc., etc. » Tels sont les préceptes formels du bouddhisme, du judaïsme, du mahométisme et de l'ecclésiasticisme, dénommé christianisme.

« Aime Dieu de tout ton cœur, de toute ton âme ; aime ton prochain comme toi-même ; fais aux autres ce que tu voudrais qu'ils te fissent à toi-même ; aime tes ennemis. » Telle est la doctrine du Christ. Il ne vous ordonne positivement aucun acte extérieur. Il nous montre seulement cet idéal impérissable que chacun de nous retrouve dans sa propre conscience au moment où il lui est révélé.

Pour celui qui suit la doctrine à la lettre, l'accomplissement rigoureux de la loi le fait arriver à la perfection, mais arrête chez lui tout autre aspiration, il ne lui reste plus qu'à remercier Dieu d'avoir suivi la loi. Il a, en effet, atteint son niveau suprême et ne voit plus devant lui aucune hauteur vers laquelle il pourrait diriger ses pas. Pour celui qui professe la doctrine du Christ, l'ascension d'une hauteur n'est qu'une excitation nouvelle à en gravir une autre et ainsi de suite, en s'élevant toujours davantage et se rapprochant de l'idéal inaccessible.

Le chrétien reste toujours dans l'attitude du publicain : il a toujours le sentiment douloureux de son insuffisance. Il avance sans cesse, impatiemment, apercevant devant lui une longue route dont le parcours infini le sépare de son but.

L'homme qui prend la loi au pied de la lettre et qui en accomplit strictement chaque formule peut être comparé à une personne qui se tient dans la sphère lumineuse d'une lampe fixée sur un point immuable la lumière lui manque dès qu'il veut franchir cette sphère. Celui, au contraire, qui obéit à l'impulsion du sentiment, intime est comme un homme qui porterait une lanterne fixée sur une longue perche ; les rayons lumineux, projetés en avant, dissipent l'obscurité et guident ses pas ; ils le conduisent sans cesse vers de nouveaux horizons qui lui révèlent sa conscience.

Léon Tolstoï

La chasteté et le célibat, dit-on, ne peuvent être les vertus idéales de l'humanité parce qu'elles amèneraient promptement l'extinction de la race et que l'humanité ne peut avoir pour but sa propre destruction. On peut répondre que cet idéal seul est vrai qui, étant inaccessible admet une infinité de gradations à mesure que l'on s'en rapproche.

Tel est l'idéal chrétien qui est le fondement du royaume de Dieu : l'union de toutes les créatures vivantes dans l'amour fraternel. La conception de cet idéal est inconciliable avec la pratique de la vie qui exige un effort continu vers un idéal inaccessible mais qui ne suppose pas l'avoir jamais atteint.

## III

Supposons même que la chasteté parfaite, cet idéal chrétien, se réalise, qu'arriverait-il ? On se trouverait tout simplement d'accord avec la religion dont l'un des dogmes veut que le monde ait une fin et avec la science qui nous apprend que le soleil perd graduellement de sa chaleur, ce qui avec le temps amènera l'extinction de la race humaine.

Si nous autres chrétiens apercevons une contradiction entre notre conscience et la réalité, c'est parce que nous ne comprenons pas la doctrine du Christ qui nous montre un idéal inaccessible et immuable et que nous remplaçons cet idéal par les prescriptions ecclésiastiques, à tort qualifiées de chrétiennes. C'est ce qui eut lieu quant au service divin, à l'apostolat, au pouvoir, aux sacrements, etc.

Pour ce qui est du mariage, par exemple, non seulement le Christ ne l'a jamais institué, mais encore il le désapprouve. Voyez plutôt : « Et tous ceux qui ont quitté leurs maisons, leurs frères, leurs sœurs, leur père, leur mère, leur femme, leurs enfants, leur patrie pour l'amour de Moi seront récompensés au centuple et jouiront de la vie éternelle. » (Math., xix, 29 ; Math., x, 29, 30 ; Luc, xviii, 29, 30.) Il a seulement imposé à ceux qui sont mariés et aux célibataires l'obligation de chercher à atteindre la perfection et de pratiquer la chasteté dans le mariage et en dehors du mariage.

L'Église en établissant, contrairement à l'enseignement du Christ, le mariage comme institution chrétienne, — c'est-à-dire en imposant certaines formules après quoi l'amour charnel est impeccable et parfaitement licite, — n'a pas créé une institution solide et en même temps a privé immunité de l'idéal établi par le Christ et qui devait lui servir de guide.

Cet effort malheureux a eu pour résultat de faire perdre à l'humanité son idéal primitif avant qu'elle connût le nouveau.

Elle a perdu le véritable idéal établi par le Christ et n'a pris que le côté extérieur du dogme relatif au mariage, lequel ne repose sur aucun fondement et auquel les hommes ne croient pas réellement et sincèrement.

Ceci nous donne une explication satisfaisante de ce fait qui à première vue semble une anomalie : que le principe de la vie de la famille et le fondement sur lequel il repose (la vie conjugale) sont plus fermement enracinés chez les peuples qui possèdent des prescriptions religieuses claires et minutieuses en tant que pratiques extérieures ; il en est ainsi par exemple chez les Juifs et les Mahométans.

Il ne peut y avoir d'institution chrétienne du mariage, pas plus qu'il ne saurait y avoir de liturgie chrétienne (Math., VI, 5, 12 ; Jean, IV, 21), de prédicateurs chrétiens, de pères de l'Église (Math., XIII, 8, 10), d'armée chrétienne, de tribunaux chrétiens, d'États chrétiens. Telle est la doctrine qui fut admise et enseignée par les véritables chrétiens des premiers siècles.

L'idéal chrétien n'est pas le mariage mais l'amour de Dieu et du prochain. Pour le véritable chrétien, par conséquent, non seulement les relations sexuelles dans le mariage ne constituent pas un état licite, heureux et régulier, ainsi que la société et l'Église le soutiennent, mais constituent toujours au contraire une chute, une faiblesse, un péché. Il ne peut exister de mariage chrétien. Le Christ ne s'est pas marié. Il n'a pas établi le mariage ; ses disciples ne se sont point mariés. Mais si le mariage chrétien ne saurait exister, il existe cependant quoique chose comme un point de vue chrétien du mariage.

Ce point de vue, on pourrait le formuler ainsi : un chrétien (et par ce terme je n'entends pas ceux qui se disent chrétiens uniquement parce qu'ils ont été baptisés et communient une fois par an, mais ceux dont la vie se modèle et se règle sur les enseignements du Christ), un chrétien, dis-je, ne peut considérer les rapports sexuels que comme une dérogation à la doctrine du Christ, un véritable péché. Mathieu (v, 28) le dit nettement et la cérémonie dite mariage chrétien ne porte nullement atteinte à ces déclarations. En conséquence, un chrétien ne désirera jamais le mariage, mais l'évitera toujours.

S'il ne se trouve pénétré de la lumière de cette vérité qu'après qu'il est déjà marié, ou librement uni à une femme, il doit rester avec sa femme (et la femme avec son époux, si c'est elle qui est chrétienne) et ils doivent l'un et l'autre tendre tous leurs efforts vers la chasteté en substituant aux relations charnelles des rapports purement fraternels. Tel est le point de vue véritablement chrétien du mariage ; il ne saurait y en avoir d'autre pour l'homme que de conformer sa vie aux enseignements du Christ.

## IV

Les idées que j'ai émises ici, ainsi que dans la *Sonate à Kreutzer*, sembleront vagues, étranges, et même contradictoires à bien des personnes. Elles sont certainement en contradiction, non pas les unes avec les autres, mais avec l'ensemble de notre genre de vie. Et involontairement cette question se pose : « De quel côté est la vérité ? est-ce du côté des idées qui me semblent vraies et bien fondées ou bien dans le genre de vie des autres et de moi-même ? »

Moi aussi j'ai été en proie à ce doute en écrivant la *Sonate à Kreutzer*. Je ne prévoyais pas du tout que la loi rigoureuse de l'association des idées me conduirait où j'en suis venu. Mes propres conclusions m'ont d'abord terrifié et j'ai été tenté de les rejeter, mais il m'a été impossible de ne pas écouter la voix de ma raison et de ma conscience. Donc, quelque étranges que mes théories puissent paraître à bien des gens, si opposées qu'elles soient incontestablement à notre manière de vivre, si inconciliables qu'elles puissent être avec ce que j'ai pensé et préconisé jusqu'ici, je n'ai pas autre chose à faire que de les accepter.

« L'homme est faible, » m'objectera-t-on : « il ne faut pas que sa tâche dépasse ses forces. »

Ceci équivaudrait à dire : « Ma main est faible et maladroite, je ne puis tracer une ligne droite, c'est-à-dire une ligne qui soit le plus court chemin d'un point à un autre. Afin de rendre ma tâche plus aisée, je vais essayer de tracer une ligne courbe ou brisée. » Plus ma main est faible, plus j'ai besoin d'un modèle parfait.

Reconnaissez seulement pour idéal la chasteté, considérez toute chute faite en commun comme un acte de mariage à jamais indissoluble et il vous apparaîtra nettement que les préceptes du Christ sont non seulement suffisants pour vous éclairer, vous guider dans la vie, mais qu'ils sont encore les plus pratiques, les seuls possibles.

L'idéal chrétien est aujourd'hui accessible à l'humanité précisément parce que l'homme a déjà traversé la période de la religion purement symbolique et que seule la doctrine chrétienne donne des règles pratiques que l'humanité peut suivre. Mais on doit conserver cet idéal dans toute sa pureté et y attacher fortement sa foi.

Ainsi, tant que dans l'art de naviguer il s'est seulement agi de côtoyer tes rivages, on a pu recommander au voyageur de ne quitter des yeux telle colline, telle tour ou toute autre éminence à portée de la vue. Aujourd'hui le temps est venu où le navigateur peut désormais s'écarter du rivage et où il n'est guidé pour s'orienter que sur les astres lointains et sur la boussole.

Or, nous possédons de même ces moyens pour atteindre l'idéal moral que nous indique la doctrine chrétienne.

V

Parmi les lettres que j'ai reçues de divers côtés au sujet de la *Sonate à Kreutzer* et de sa postface qu'on vient de lire, il s'en trouve beaucoup qui montrent que je ne suis pas le seul à avoir conscience de la nécessité de changer de vue sur les rapports entre les sexes. Cette opinion est partagée par un grand nombre d'esprits sérieux dont la voix est étouffée par celle de tous les gens bornés qui composent la foule et défendent avec entêtement et arrogance l'ordre de choses établies qui flatte leurs passions.

Au nombre de ces lettres, j'en ai reçu une le 7 octobre 1890 accompagnée d'une brochure intitulé « Diane » dont elle fait mention. Voici cette lettre :

« New-York, 7 octobre 1890.

« Nous avons le plaisir de vous envoyer une petite brochure intitulée « *Diane, essai psycho-physiologique sur les rapports sexuels entre hommes et femmes mariés* ».[1]

« Depuis que votre œuvre, « *La Sonate à Kreutzer* », a été publiée en Amérique, beaucoup de personnes disent : Diane explique, rend possible et réalise les théories de Tolstoï. Nous vous envoyons donc cette brochure afin que vous puissiez en juger par vous-même.

« En priant Dieu que les vœux de votre cœur se réalisent, nous sommes

« Vos dévoués,

« Burns-Co. »

« Nous vous serons reconnaissants de vouloir bien nous accuser réception. »

Antérieurement à cette lettre j'avais reçu de France une lettre ; et une brochure de M^me Angèle Françoise.

Dans sa lettre, M^me Angèle m'apprenait l'existence de deux sociétés ayant pour but d'encourager la pureté au point de vue de la vie sexuelle, l'une ayant son siège en Angleterre, l'autre en France et intitulée *Société d'amour pur*.

Dans l'article de M^me Angèle je trouve exprimées les mêmes pensées que dans *Diane*, mais avec moins de clarté et de précision et empreintes de mysticisme.

Les idées exprimées dans cette dernière brochure, quoique non basées sur la doctrine chrétienne mais plutôt païenne, platonicienne, sont si neuves et si intéressantes et démontrent avec une telle évidence le non sens de la débauche qui existe dans la vie du jeune homme aussi bien que dans celle de l'homme marié de notre société, que je suis tenté de les faire connaître au lecteur.

---

1 Le titre original de celle brochure est : *Diana, a psycho-physiological essai on sexuels relations for married men and women.* New-York.

Des relations entre les sexes

# VI

L'idée fondamentale de la brochure dont l'épigraphe est « et les deux époux ne feront qu'un seul et même corps », est celle-ci :

La différence dans l'organisation de l'homme et de la femme existe non seulement au point de vue physiologique, mais encore au point de vue moral des facultés qu'on appelle « viriles » chez l'homme et « féminines » chez la femme. Le rapprochement entre les sexes n'a pas seulement pour cause le besoin physique mais encore l'attraction mutuelle entre les facultés viriles de l'homme et les facultés féminines de la femme. Chacun des sexes tend a se compléter par l'autre ; c'est pourquoi leur rapprochement est aussi bien physique que moral.

Ils sont poussés par une nécessité qui provient de la même source ; et cette union physique et cette communion dépendent tellement l'une de l'autre que la satisfaction de l'une affaiblit l'autre inévitablement. Plus le désir physique se satisfait, plus l'entraînement moral s'atténue et même disparaît complètement, et vice versa.

C'est pourquoi le rapprochement des sexes n'est pas seulement physique ; il peut revêtir un caractère moral des plus élevés ou bien se manifester sous la forme de la plus grossière brutalité.

Il y a bien entendu des degrés intermédiaires. La question de savoir auquel de ces degrés doit s'arrêter le rapprochement des sexes est résolue suivant l'époque et le lieu où il est considéré comme plus ou moins légitime, désirable et nécessaire.

Un fait frappant, qui prouve combien les relations entre les sexes dépendent de la conception qu'on se fait de ce qui est bon, désirable et nécessaire — est cotte coutume frappante d'après laquelle les fiancés, en Petite Russie, passent plusieurs années des nuits entières avec leurs fiancées sans les toucher.

La satisfaction complète pour des personnes isolées qui s'unissent entre elles atteint le degré qu'elles jugent convenable. Mais, indépendamment des appréciations diverses, il existe un certain degré qui doit donner à tous en général plus de satisfaction que tout autre. Eh bien, quelle genre de communion doit donner la plus grande satisfaction possible ? Est-ce celle qui revêt plutôt un caractère moral ou bien celle qui est tout simplement physique ?

Léon Tolstoï

La réponse à cette question est bien claire, et bien nette, quoi qu'elle aille à l'encontre des idées adoptées sur ce sujet dans notre société. Elle consiste en ce fait que plus cette communion tend vers le rapprochement physique, plus le désir est excité et moins il y a de satisfaction. Au contraire, plus on se rapproche de la communion morale, moins on provoque de nouveaux désirs et plus la satisfaction est complète. Plus on se rapproche de la première plus les forces vitales se détruisent, plus on se rapproche de la seconde, plus la disposition générale de l'esprit est calme, joyeuse et énergique.

L'union de l'homme et de la femme « en un seul corps » sous forme de mariage indissoluble est considérée par l'auteur comme la condition nécessaire du développement supérieur de l'homme. Pour lui, le mariage est donc une condition normale et désirable pour tous les adultes. Il considère qu'il peut ne pas consister uniquement en un rapprochement physique, mais qu'il peut être aussi une communion spirituelle.

Suivant le milieu, les circonstances et les tempéraments, pour les uns le mariage se rapproche plutôt de la communion spirituelle et chez les autres de l'union physique. Les premiers ont incontestablement de bien plus grandes satisfactions.

L'auteur admettant que le même besoin sexuel peut aussi bien avoir pour résultat la communion spirituelle, — l'amour, — et l'union physique, — la reproduction, — et qu'il dépend de la volonté de s'en tenir à l'une ou à l'autre de ces manifestations, il conclut donc naturellement non seulement à la possibilité de l'abstinence, mais la considère encore comme la condition naturelle et nécessaire de l'hygiène sexuelle aussi bien dans le mariage qu'en dehors des liens matrimoniaux.

Et l'auteur corrobore sa théorie d'une grande quantité d'exemples et de données physiologiques sur le processus des rapports sexuels, leur action sur l'organisme et la possibilité de leur direction consciente sur l'une ou l'autre de ces deux voies : l'amour ou la reproduction.

L'auteur rappelle encore ces paroles de Herbert Spencer :

« Si quelque loi contribue au bonheur de l'humanité, la nature humaine s'y soumettra nécessairement et cette soumission sera une joie pour l'homme. »

Et c'est pourquoi nous ne devons pas, dit l'auteur, nous laisser trop guider par les mœurs établies et les conditions dans lesquelles nous vivons aujourd'hui, mais nous devons plutôt aspirer à l'état supérieur où l'homme peut atteindre.

## VII

En somme l'idée fondamentale de *Diane* est que les relations entre les sexes peuvent se manifester de deux façons : par la reproduction ou par l'amour. Dans une union où l'intention est bien déclarée de n'avoir pas d'enfants, la faculté sexuelle doit toujours être dirigée sur la voie de l'amour pur. Le caractère que revêtirait cette faculté dépend de l'intelligence et de l'habitude. Tous les efforts doivent donc être dirigés dans ce sens et dès que habitude en sera prise, les hommes seront débarrassés d'une quantité de maux et trouveront pleine satisfaction à leur besoin sexuel.

À la fin du volume se trouve une lettre remarquable adressée aux parents et précepteurs et signée Elise Burns. Bien qu'il y soit question de choses considérées comme inconvenantes (on y appelle les choses par leur nom), cette lettre peut avoir une influence si bienfaisante sur la malheureuse jeunesse qui souffre tant par suite de toutes sortes d'excès, que la répandre parmi les hommes adultes qui dissipent si inutilement le meilleur de leurs forces et compromettent leur bonheur et surtout parmi les jeunes gens, vivant dans leur famille, ou enfermés dans les collèges, serait un véritable bienfait.

## Le Travail

### I

« Tu gagneras ton pain à la sueur de ton front jusqu'à ce que tu retournes à la terre dont tu es sorti. »

Léon Tolstoï

Ces paroles de l'Écriture Sainte, Bondarev les a choisies comme épigraphe à son livre : « Le Travail » que je viens de lire dans le manuscrit et qui est une œuvre absolument remarquable, autant par les beautés énergiques dé la langue que par l'accent de conviction qui vous pénètre à chaque page, mais surtout par la vérité profonde de la thèse qu'il soutient.

L'idée maîtresse du livre est qu'il est moins important dans la vie de connaître ce qui est bon et nécessaire que de savoir dans quel ordre il nous faut ranger ces choses bonnes et nécessaires ; considération déjà importante dans la vie quotidienne, mais encore beaucoup plus sérieuse lorsqu'il s'agit du dogme qui précise nos devoirs.

Un ancien père de l'Église, Talian, a dit que les malheurs des hommes proviennent moins de leur ignorance du vrai Dieu que de leur culte pour les faux dieux et particulièrement de ce qu'ils prennent pour la Divinité ce qui ne l'est pas. On peut dire de même que dans l'ordre moral la cause de nos maux n'est pas dans l'ignorance de nos devoirs, mais dans ce que nous nous en créons de faux, laissant de côté celui qui devrait être le devoir par excellence.

Bondarev attribue tout le mal à cette erreur qui nous a fait remplacer le véritable devoir religieux par des pratiques insignifiantes et même nuisibles, oubliant cette obligation qui prime toutes les autres et qui est ainsi exprimée dans les Saintes Écritures : « Tu gagneras ton pain à la sueur de ton front. » Pour ceux qui croient à la parole de Dieu, venue jusqu'à nous à travers les âges par la Bible, ce commandement suffit. Pour ceux qui doutent de la véracité et de la divinité des Écritures, s'ils sont de bonne foi, ils se convaincront facilement de la vérité de cette maxime par le seul examen des conditions de la vie qui la leur feront considérer ensuite comme l'expression de la sagesse humaine. Bondarev s'est placé à ce point de vue pour résoudre la question.

## II

Cet examen des conditions de la vie humaine n'est pas sans offrir de grandes difficultés. Beaucoup de personnes, prenant malheureusement à contresens les paroles de la Bible, on en est venu à croire qu'on trouvait dans les Écritures Saintes tout ce qu'on voulait, ce qui lésa discréditées dans beaucoup d'esprits.

Quoi de plus injuste, cependant ? Les Écritures sont-elles responsables de l'interprétation fausse qu'on en fait, et lorsqu'un homme dit une vérité, en quoi cette vérité a-t-elle moins de valeur parce qu'elle se trouve dans la Bible ?

Pourquoi donc l'Écriture, si elle n'est que l'œuvre des hommes, est-elle considérée comme l'œuvre de Dieu, sinon parce qu'elle est marquée du sceau d'une sagesse supérieure ? D'ailleurs c'est comme telle qu'elle est parvenue jusqu'à nous, malgré les attaques dont elle a été l'objet.

Il en est absolument de même pour le commandement oublié ou mal compris que Bondarev explique dans son livre.

Nous sommes accoutumés à le prendre au pied de la lettre, bien que le livre de la Genèse, où il se trouve, ne fait que nous décrire, sous une forme imagée, les tendances contradictoires de notre nature.

L'homme craint la mort et elle est cependant inévitable pour lui ; l'ignorance lui est plus favorable que la science et cependant il est dévoré de curiosité ; il aime l'oisiveté et voudrait pouvoir satisfaire ses passions sans souffrance et sans ennui ; cependant le travail et la douleur sont les conditions nécessaires de son existence.

Ce n'est donc pas seulement parce que Dieu a dit à Adam : « Tu travailleras à la sueur de ton front jusqu'à ce que tu retournes à cette terre dont tu es sorti », que cette loi du travail est un devoir indiscutable, mais c'est surtout parce qu'elle est juste.

Newton n'a pas inventé la loi de la pesanteur, il n'a fait que la découvrir, et cela ne m'empêche de le remercier chaque jour parce que sa découverte me permit de me rendre compte d'une foule de phénomènes dont l'explication était impossible avant lui.

La loi du travail résout également tous les problèmes d'ordre moral, c'est pourquoi ma raison s'incline devant elle et en remercie l'auteur. Celte loi est beaucoup moins simple et moins connue qu'il ne semble.

Si je regarde autour de moi, en effet, je m'aperçois que la plupart des hommes la méconnaissent ou la prennent à contresens. À

Léon Tolstoï

quelque degré de l'échelle sociale où il se trouve placé, chacun cherche à s'y soustraire.

Bondarev nous explique que ce commandement : « Tu gagneras ton pain à la sueur de ton front » est immuable et éternel, que le mal et le péché proviennent de ce qu'on s'en écarte.

Il considère que gagner son pain, — et il entend par là le travail pénible qui nous donne directement la nourriture, le vêtement, l'habitation, et nous empêche de périr de faim et de froid, — est le premier des devoirs. Parlant de ce principe, il propose que cette loi, jusqu'ici seulement acceptée comme une nécessité, soit reconnue comme une obligation universelle, et il dit que le bonheur du genre humain est à ce prix. Tous doivent l'accepter comme une prescription religieuse, aussi importante que le sabbat et la circoncision pour les juifs, que les sacrements et le carême pour les chrétiens, et que les cinq prosternations pour les disciples de Mahomet.

Il ajoute même qu'aucune considération ni circonstance, si particulière qu'elle soit, ne pourra dispenser l'homme de l'accomplissement de cette loi quand il on aura fait une obligation religieuse. Aucune autre occupation n'empêche les prêtres de célébrer les fêtes du culte bien qu'il y en ait en Russie, par exemple, plus de quatre-vingts par an, alors que selon Bondarev, quarante de ce « travail pour le pain » suffiraient à chaque individu.

Il parait étrange, au premier abord, qu'un moyen si simple puisse nous délivrer de tous nos maux ; mais en y réfléchissant bien, il parait plus étrange encore, que nous ayons négligé jusqu'à présent d'employer ce remède si naturel pour recourir à des palliatifs sans effet comme les subtilités de laphilosophie. À part les souffrances qui proviennent de la cruauté et de l'injustice des hommes, toutes les autres proviennent de ce que la plus grande partie de l'humanité est en proie à la faim, aux privations et à un excès de travail alors qu'une minorité égoïste s'oublie au milieu des richesses et de l'oisiveté qui la portent à tous les vices.

III

Est-il un devoir plus indiscutable, plus sacré que celui qui ferait disparaître cette inégalité : excès de souffrance et de misère d'une part, et de l'autre excès de richesses et de vices ? Peut-on imaginer un moyen plus efficace pour contribuer à ce résultat que l'obligation pour tous de participer à ce « travail du pain par nos propres mains » que réclame Bondarev ?

Ce sont tous nos codes de lois sur la religion, la société et la famille qui nous ont fait perdre la notion du bien et du mal. L'un dit la messe, l'autre organise l'armée, un troisième lève l'impôt ; il y en a qui jugent, qui instruisent, qui guérissent, et tous, sous ces divers prétextes, se dispensent de ce « travaildu pain » qui retombe sur la masse, sans se soucier si cette masse succombe sous la peine et la famine. Avant de dire la messe aux hommes, de les armer et de les instruire, il nous semble plus nécessaire de les nourrir. Parmi tous les devoirs que nous avons à remplir, on fait trop souvent passer les derniers avant les premiers, ce qui est illogique : le laboureur ne sème pas son champ avant de le labourer.

C'est à ce premier devoir de l'activité pratique que Bondarev nous ramène en nous démontrant qu'il ne rencontre aucune difficulté et qu'il nous sauve de tous les malheurs dus à l'excès de souffrance d'un côté et à l'excès de jouissance de l'autre.

Le travail du pain, dit-il, fera d'abord disparaître l'abîme qui sépare la société en deux classes, cachant chacune sous des dehors hypocrites une inimitié mutuelle ; il rapprochera donc les hommes et mettra un arrêt au luxe et à la débauche, car on ne peut labourer la terre ni creuser un puits avec des mains blanches, richement vêtu et délicatement nourri. Il rendra l'intelligence à ceux qui l'ont perdue pour s'être écartés de la vie normale et il assurera le bonheur et la perfection à ceux que la nature a particulièrement doués.

Nous sommes si accoutumés à considérer la richesse comme un bonheur, justement parce qu'elle nous dispense de ce « travail du pain », que cette maxime nous apparaît, avant réflexion, vaine, étroite et insensée pour tout dire. Elle mérite cependant d'être sérieusement approfondie et puisque nous consacrons du temps à discuter toutes sortes de théories religieuses et politiques, nous pouvons aussi en consacrer à discuter celle de Bondarev, qui est d'une bien plus haute portée morale.

Léon Tolstoï

IV

Qu'arrivera-t-il lorsque l'Église prêchera et expliquera cette loi du « travail du pain » et que les hommes la tiendront pour sacrée ?

Tous travailleront et se nourriront des fruits de leur travail ; le pain et tous les objets de première nécessité ne se vendront plus, ce qui supprimera la misère.

Si, par suite de diverses circonstances, il y en a qui ne récoltent pas assez pour leurs besoins et ceux de leur famille, d'autres plus favorisés leur donneront un superflu qu'ils ne pourront vendre.

La ruse et la violence n'étant plus nécessaires pour se procurer du pain, puisqu'il sera à la portée de tous, on n'en usera plus que poussé par de mauvais instincts et non par besoin, en sorte que l'humanité n'en sera plus responsable. Les malades, les faibles, ne seront pas obligés pour vivre de vendre leurs bras ni leur âme.

Pour moi, j'envisage encore autrement la pensée de Bondarev tout en la partageant d'une manière absolue.

Les hommes furent d'abord anthropophages. Plus tard, lorsqu'ils se rendirent compte de la communauté de leur origine, ils ne se nourrirent plus les uns des autres. Ils se contentèrent alors de s'emparer par violence du travail d'autrui et ils établirent l'esclavage. Plus tard encore, grâce aux progrès de la conscience, ils ne purent manifester leur violence que sous des formes moins brutales, plus compliquées et ne s'approprièrent plus ouvertement le bien des faibles. Aujourd'hui, enfin, ils asservissent leur prochain en spéculant sur la misère.

Selon Bondarev, nous sommes arrivés à une époque où la connaissance générale de notre commune origine doit nous empêcher de spéculer sur les besoins de nos semblables et où l'obligation universelle du « travail du pain » doit être reconnue.

L'œuvre de Bondarev m'apparaît encore sous un autre aspect.

On prétend en morale que les principes négatifs qui nous enseignent ce que nous devons éviter sont insuffisants et qu'il nous faut des prescriptions positives pour nous apprendre nos devoirs.

Le Christ nous a laissé cinq commandements :

1° Ne pas se mettre en colère.

2° Ne pas voir seulement un plaisir dans le rapprochement des sexes et le considérer comme un lien indissoluble.

3° Ne pas faire de serments afin de ne point abdiquer sa liberté.

4° Supporter l'offense et l'oppression.

5° Ne voir d'ennemi en personne et considérer ses ennemis comme ses proches.

Ces cinq commandements nous indiquent seulement ce qui nous est défendu, mais ne nous disent pas ce que nous devons faire. Ils sont négatifs. Le principe de la doctrine chrétienne les complète positivement en nous affirmant que le bonheur se trouve dans le bien que nous faisons aux autres et non dans les satisfactions égoïstes.

Ce principe n'a rien de mystique ni de mystérieux. On doit l'observer sans espoir de récompense, car il est la simple révélation de la loi de la vie, et la condition unique et absolue du bonheur.

Toute la doctrine positive du Christ se trouve donc dans ce précepte qui contient tout : « Aime Dieu et ton prochain comme toi-même. »

Le Christ a donné d'autres commandements ; ceux de Jéhova et de Bouddha sont également nombreux afin qu'ils puissent s'appliquer aux divers cas ou l'homme est tenté de s'écarter de la vie juste. La doctrine positive doit être contenue dans un seul précepte.

L'homme fait partie du mouvement universel ; qu'il le veuille ou non, il vit. Le Christ lui indique le vrai chemin avec le précepte de l'amour universel et lui donne encore cinq autres commandements pour l'empêcher de s'égarer et éviter les tentations.

Tous ceux qui croient à la doctrine du Christ obéissent à sa loi sans aucune hésitation. L'amour est le guide de leur vie et l'unique mobile de leurs actions.

Ne sommes-nous pas d'ailleurs naturellement portés, sans même que la foi chrétienne nous en fasse un devoir, à sustenter les affamés, à vêtir ceux qui sont nus, à respecter la liberté humaine, en un mot à soutenir nos frères et à les empêcher de succomber dans la lutte inégale contre la nature ? Et cela ne nous conduit-il pas à reconnaître la loi de Bondarev qui astreint l'homme au dur travail de la terre comme un devoir impérieux et qui résume tous les autres ?

Léon Tolstoï

Celui qui veut pratiquer la loi de vérité et d'amour ne se trompera donc pas sur ce qu'il doit faire en premier : il n'ira pas offrir à un affamé des objets d'art ou de la musique, des bijoux à qui a froid ; l'amour vrai n'est pas si borné, il ne s'occupe pas d'amuser les uns en laissant périr les autres.

De même on ne pourra pas se dérober à cette obligation du travail physique, comme on le fait aujourd'hui, en prétextant qu'on est tout absorbé par les spéculations philosophiques ou scientifiques pour le plus grand bonheur de l'humanité. On pourra trouver, il est vrai, la justification de ce mensonge dans la doctrine perfide de la division du travail, jamais dans la conscience ; on ne peut venir en aide aux pauvres et aux malades que par le travail immédiat, sans quoi ceux qui souffrent ont tout le temps de mourir.

D'ailleurs, ce premier devoir accompli, on a le droit et la possibilité de consacrer le reste de ses loisirs à des occupations moins pressantes.

V

Parmi toutes les doctrines sur la sagesse humaine, depuis celle de Confucius jusqu'à celle de Mahomet, on ne trouvera cette idée exprimée d'une manière aussi nette que dans l'Évangile. C'est par l'Évangile que l'homme se convaincra de la nécessité de servir les hommes, non par la théorie de la division du travail, mais par les moyens les plus simples, les plus naturels et les plus indispensables. C'est par l'Évangile qu'il reconnaîtra la nécessité de secourir les malades, les prisonniers et ceux qui périssent de faim et de froid.

Tout homme juste trouvera en lui cette loi du premier livre de la Genèse que Bondarev appelle primordiale et positive : « Tu mangeras ton pain à la sueur de ton front. »

Cette loi est la même pour tous ; elle existait avant le Christ ; et, dans la Bible, et pour ceux qui ne reconnaissent que la raison, elle veut dire que l'homme doit se nourrir du fruit de son travail. Ainsi considérée, elle est une loi positive.

Si on l'examine, au contraire, comme faisant partie de la doctrine unique et positive du Christ, on doit entendre ce précepte dans un sens négatif et n'y voir que l'explication d'une tentation ancienne à laquelle l'homme doit résister pour rester dans le droit chemin.

Ainsi dans le sens positif, celui de l'Ancien Testament, cette loi du travail veut dire : travaille de tes mains pour ton pain ; et elle signifie dans le sens chrétien et négatif : « Tu ne peux aimer ton prochain en lui prenant le fruit de son travail et en vivant toi-même sans travailler. » Indication d'une tentation aussi terrible qu'ancienne, si ancienne même que nous pouvons la qualifier d'instinctive.

Je pourrais encore écrire longtemps sur cette doctrine de Bondarev également obligatoire pour les adeptes de la Bible, pour les chrétiens, comme pour tous ceux qui ne reconnaissent que la seule raison ; je voudrais réduire à néant tous les faux raisonnements qu'elle soulève de toutes parts, — car nous ne sommes jamais plus prêts à nous justifier que lorsque nous avons tort, — mais à quoi me servira d'écrire aussi bien et aussi longtemps que possible ? Toute ma logique ne convaincra pas mon lecteur s'il oppose son esprit au mien et surtout si son cœur reste froid.

Arrête donc, lecteur, pour un instant, le travail de ton esprit, ne discute pas, n'analyse pas ; qui que tu sois, quels que soient les talents dont la nature t'a doué, consulte seulement ton cœur. Quelle que soit ta bonté pour les tiens ou pour ceux qui t'entourent, quelle que soit ta situation sociale, — homme d'État, artiste, savant, médecin, professeur, — peux-tu rester impassible devant ton thé et ton dîner, continuer tes occupations, quand au bas de ton perron tu vois ou tu entends un gueux que le froid ou la faim font souffrir ? Non, n'est-ce pas ? Et cependant ces misérables y sont toujours : s'ils ne sont pas à ton perron, ils sont à dix mètres, à dix kilomètres, ils existent et tu le sais.

Tu ne peux donc demeurer calme, car tu ne peux goûter aucune joie que cette pensée n'empoisonne. Car pour ne pas les voir à ton perron, tu devras te cacher, les repousser par ta froideur, ou fuir quelque part où ils ne soient pas. Mais ils sont partout ; et, s'il se trouvait un endroit où tu pourrais ne pas les voir, tu serais encore poursuivi par ta conscience !

Que feras-tu donc ? Tu le sais : la doctrine de la vérité te le dit. Va jusqu'en bas (ou plutôt ce qui te semble le bas, mais qui est le haut), va avec ceux qui couvrent les pauvres et nourrissent les affamés ;

Léon Tolstoï

va ! tu n'as rien à craindre et beaucoup à gagner ! Va dans leurs rangs, cultive la terre de tes mains faibles et inhabiles, fais ce travail qui nous donne le vêtement et le pain. Va ! et pour la première fois tu sentiras le sol assuré sous tes pas, tu marcheras en homme libre, tu seras chez toi, tu n'auras plus rien à chercher.

Tu éprouveras cette joie complète que tu ne trouveras point derrière les portes closes et les rideaux baissés de tes appartements. Tu connaîtras un bonheur inconnu, tu sauras pour la première fois comment ces hommes simples et forts, ces frères loin de toi, t'ont nourri jusqu'ici. Tu seras étonné de rencontrer chez eux des vertus que tu ignorais : la modestie, la bonté. Au lieu du mépris et des railleries que tu pouvais attendre, ils te prodigueront, quand tu reviendras de ton erreur, leur tendresse et leur estime ; ils te seront reconnaissants de venir les aider de tes mains peu habiles au travail après avoir vécu par eux et les avoir méprisés.

Tu comprendras alors que ce qui te paraissait une petite île où tu fuyais la mer envahissante, n'était qu'une mare où tu te noyais, et que la mer que tu redoutais était la terre ferme où tu marcheras paisible et heureux, sans le moindre doute, car, quittant le chemin du mensonge où tu t'égarais jusqu'ici, tu avanceras dans la voie de Dieu et de la vérité.


## L'Église et l'État

### I


La foi, la religion sont le but caché de la vie humaine ; ce sont elles qui donnent la force et l'énergie, qui impriment à la vie sa direction. Tout homme découvre pour lui-même cette signification qui est la base sur laquelle sa vie repose définitivement. Il est matériellement aidé dans cette recherche, la plus importante de toutes, par les efforts et les travaux réunis de l'humanité tout entière. À ce labeur continu, à ces résultats croissants, les hommes sont convenus de donner le nom de révélation. La révélation est donc ce qui vient en aide aux efforts de l'homme pour découvrir le sens caché de la vie ; définition qui explique implicitement les rapports de l'homme avec la foi.

Ceci étant établi, qu'y a-t-il de plus complètement, de plus manifestement absurde, que de voir des hommes soi-disant bien intentionnés, remuer ciel et terre pour obliger, leurs semblables à embrasser telle forme de révélation plutôt que telle autre ; de les voir possédés par cette idée fixe jusqu'à ce qu'elle soit réalisée, jusqu'à ce que ceux qui sont l'objet de leur ardente sollicitude consentent à accepter les formules précises qu'ils leur recommandent sans changement ni modification ; enfin de les voir maudire, mutiler, massacrer les dissidents toutes les fois qu'ils peuvent le faire avec impunité ? Qu'y a-t-il de plus incompréhensible que de voir une catégorie des gens ainsi proscrite, persécutée, traquée jusqu'à la mort, en foire autant dès que l'occasion se présente et à son tour anathématiser, torturer, égorger hommes et femmes réfractaires ? Ainsi tous se maudissent solennellement, s'acharnent les uns contre les autres, se massacrent au nom d'un principe, auquel tous les hommes doivent croire comme ils y croient et pas autrement,

Je suis resté, tout d'abord, confondu devant cette manifeste absurdité, cette contradiction évidente qui ne mènent cependant pas à la destruction de toute croyance. N'est-il pas étrange, pour ne pas dire plus, me suis-je demandé bien des fois, que les hommes gardent la foi dans ces conditions extraordinaires et soient dupes de ces tromperies grossières ? Au point de vue général, la chose est positivement incompréhensible et constitue une preuve irréfragable de la vérité du principe philosophique qui prévaut actuellement dans le monde, savoir, que toute foi est déception et que tout ce qui en sort est superstition. En considérant les choses à ce point de vue, qui est le point de vue général, moi aussi j'ai été irrésistiblement amené à croire que toutes les croyances sont des duperies.

Mais, poussant plus loin l'investigation, il m'a bien fallu admettre qu'au fond de toutes ces tromperies, bien loin au-dessous de la surface, il y a quelque chose qui est éternellement vrai, positif et ne ment pas.

## II

Comment, pourquoi, à qui peut-il être nécessaire qu'une tierce

Léon Tolstoï

personne non seulement croie mais encore proclame sa croyance dans la doctrine que vous ou moi, nous considérons comme la vraie ? L'homme vit-il ? Du moment qu'il vit, il connaît la signification de la vie, il a défini ses rapports avec Dieu, il a découvert la vérité des vérités. L'expression de ces rapports peut varier suivant les peuples, les temps, les pays, mais ils restent, dans leur essence, une seule et même chose, car nous sommes tous des hommes et des frères.

Quel motif, quelle ardeur, quelle nécessité peut-il y avoir, qui me force à insister pour qu'une personne quelconque exprime ce qu'elle croit être la vérité, définisse ses rapports avec la divinité, précisément dans les mêmes termes que je le fais ? Je ne puis la forcer à changer sa croyance, par des moyens violents, par la ruse, par la supercherie (pseudo-miracles). Si sa croyance est sa vie même, si la proposition est une de celles auxquelles il est impossible de refuser son assentiment, comment pourrions-nous songer sérieusement à le priver de tout cela, et proposer de lui donner autre chose à la place ? Je pourrais tout aussi bien lui retirer le cœur, et offrir amicalement d'en mettre un autre et un meilleur à la place.

Cela pourrait encore se faire si la croyance n'était qu'un mot vide de sens et non la base solide de l'existence humaine.

Mais cette intervention est également impossible pour une autre raison : il n'est pas admissible de tromper un homme ou de le forcer à croire ce qu'il ne croit pas, parce que celui qui croit (c'est-à-dire celui qui a déjà déterminé et réglé ses relations avec Dieu et qui comprend en conséquence que la foi est la relation de chaque homme avec Dieu) ne saurait déterminer les relations d'un autre homme avec Dieu, surtout par la ruse et la violence.

Cela, je le maintiens, est impossible, et, cependant, au vu de tous, c'est précisément ce que l'on fait actuellement, ce qui a été pratiqué toujours et partout dans les temps passés.

Expliquons-nous : la chose est impossible et cependant quelque chose de tout à fait semblable a été et est encore perpétré : les hommes obligent leurs frères à montrer un semblant de foi que ces derniers acceptent contre leur gré ; cette simulation n'est qu'une imposture. Une croyance réelle ne peut être imposée à personne. L'acceptation de cette croyance par d'autres ne peut être le résultat de considérations extrinsèques, telles que la violence, la ruse, l'amour du lucre.

Ce que les hommes propagent par des moyens de violence et acceptent par crainte ou par cupidité n'est pas la foi, mais une contrefaçon de la foi. Et cette contrefaçon était la base des conditions des sociétés d'autrefois.

## III

En quoi consiste cette apparence ou cette contrefaçon et sur quoi est-elle fondée ? En quoi influence-t-elle le trompeur et la dupe ? Laissant de côté le brahmanisme, le bouddhisme et l'islamisme, je me bornerai à parler du christianisme comme étant la croyance la mieux connue de nous, celle qui nous est la plus nécessaire et la plus chère.

Dans le christianisme tout l'édifice de cette supercherie s'appuie sur l'interprétation fanatique de la signification, du but et de la mission de l'institution qui a nom l'Église, interprétation qui ne repose sur rien et dont l'extrême absurdité est la première chose qui frappe celui qui se mot à étudier les origines du christianisme. Parmi toutes les notions, tous les termes impies qui ont été forgés, il n'en existe pas de plus impies que ceux qui se rapportent à l'Église. Nulle autre idée n'a jamais fait naître des maux aussi considérables, nulle autre ne s'est montrée aussi outrageusement et cruellement ennemie des enseignements du Christ que celle de l'Église.

Au fond, le mot « ecclesia » signifie simplement communauté et il est employé, dans ce sens, dans les Évangiles. Dans les langues de tous les peuples modernes, le terme « ecclesia » signifie une maison où l'on prie ; et bien que la fourberie ecclésiastique dure depuis quinze cents ans, dans aucune langue, on n'a trouvé une autre signification au mot « ecclesia ».

À en juger par les définitions des prêtres, auxquels la fourberie ecclésiastique était nécessaire, le terme dont il s'agit parait constituer une formule algébrique servant de préface et qui signifie ceci : « Tout ce quel'Église proclamera maintenant sera la vérité, la pure, la simple, l'absolue vérité ; si vous prétendez la repousser comme indigne de créance, nous vous brûlerons, nous vous maudirons, nous vous causerons des maux de toutes sortes. »

Cette déclaration est un sophisme nécessaire en vue d'atteindre certains buts et il n'est admis que dans les cercles intéressés à la chose. Non seulement dans le peuple, mais même dans ce que l'on nomme la « bonne société », chez des personnes possédant de l'éducation et un esprit cultivé, bien qu'elles aient été saturées des doctrines du catéchisme, nous cherchons en vain cette notion. Il semble que ce soit une simple porte des temps, une peine inutile que d'examiner sérieusement les prétentions contenues dans l'exposé ci-dessus mentionné ; si je le fais cependant, c'est seulement pour les personnes nombreuses et influentes qui soutiennent délibérément cesprétentions comme étant de la dernière importance, et qui refusent de voir que la déclaration de principe en question est absolument fausse, trompeuse, pernicieuse.

## IV

Quand on définit « l'Église », en disant que c'est une assemblée de vrais croyants, cela ne modifie en rien l'ensemble de nos idées ; de même si j'affirme qu'un chœur d'église est un corps exclusivement composé de vrais musiciens, je n'ai pas fait autre chose que d'expliquer ce que j'entendais par les mots « vrais musiciens ».

En faisant des recherches, nous découvrons que la théologie définit les vrais croyants comme étant tous ceux qui acceptent les enseignements de l'Église, c'est-à-dire qui sont dans le giron de l'Église.

Sans nous arrêter à considérer le fait qu'il existe une centaine au moins de professions de foi de ce genre, nous dirons que la définition dont il s'agit ne définit réellement rien, laisse les choses au point où elles en étaient auparavant, exactement de même que la définition du chœur d'église. Mais, en examinant les choses d'un peu plus près, nous arrivons à discerner la queue du serpent caché derrière cette grande abondance de mots.

L'Église, en vérité, est la vraie Église ; elle est une et indivisible, composée de pasteurs et d'un troupeau, et chacun de ces pasteurs, tous désignés par Dieu lui-même, enseigne cette unique doctrine : « Secourez-moi, ô mon Dieu ! toute chose enseignée par mes col-

L'Église et l'État

lègues et par moi-même est pure vérité. »

Voilà tout le procédé. Au-dessus et au-dessous de tout cela il n'y a rien. La fourberie tout entière est contenue dans le mot « Église » et dans le sens qui y est attaché, et la principale signification de la tromperie gît dans ce fait qu'elle met en lumière, savoir qu'il existe une nombreuse classe de gens animés d'une ardeur maladive qui les pousse à vouloir faire entrer leurs croyances dans l'esprit des autres.

D'où vient ce désir insensé d'endoctriner ses frères ? Vraiment, si ces gens étaient en possession de la vérité ils sauraient que cette croyance n'est rien autre chose que le sentiment de la signification cachée de la vie elle-même, qu'elle établit les rapports de chaque individu entre lui-même et Dieu, et que cette foi ne peut être en conséquence enseignée ; que ce qu'ils peuvent faire entrer et ce qu'ils font entrer dans l'esprit des autres, ce n'est pas la foi, mais un simulacre de foi. Malgré cela ils persistent à enseigner leur doctrine.

Pourquoi le font-ils ? La réponse est tout indiquée ; c'est parce que les prêtres manquent de pain et d'œufs et parce que l'évêque a besoin d'un plat délicat, d'un vêtement de soie.

Cette réponse est encore incomplète. Elle indique assez exactement, sans nul doute, ce qui continue à provoquer sans cesse la fraude ; mais si nous essayons, en nous appuyant sur ce motif d'ordre inférieur, d'expliquer comment il se fait qu'un homme prenne sur lui d'égorger un autre homme contre lequel il n'avait aucun grief, même pas ombre de malveillance, nous reconnaîtrons immédiatement combien cette explication est insuffisante.

Nous devrions, en effet, admettre que celui de ces deux hommes qui met les gens à mort, le fait parce qu'il reçoit une récompense, ce serait une explication pas plus satisfaisante que celle consistant à affirmer que quand un archevêque remplit de foin des sacs et les appelle les reliques des saints, il est incité à le faire exclusivement par le désir de recevoir ses trente mille roubles annuels. Dans ce dernier cas tout comme dans le précédent, les actes mis en discussion sont trop horribles, trop contre nature, pour être expliqués par un mobile si simple, si apparent, si bas. Le clergé expliquera sa conduite en présentant une formidable série d'arguments, principalement tirés de la tradition historique. « Il est absolument nécessaire, dira-t-il, que certaines catégories de gens soient mises à mort ; les gens en question ont été exécutés à toutes les époques de l'histoire du monde, on pourrait même dire depuis que l'homme a paru sur la terre. Si je refuse de faire ce « travail », un autre le fera à ma place. Avec l'aide de Dieu, je le ferai mieux que tout autre ! »

L'archevêque tiendra un langage analogue : « Le culte extérieur de Dieu, affirmerait-il, est une nécessité. Depuis que le monde a été créé les reliques des saints, des hommes pieux ont été vénérées. Les reliques déposées dans les souterrains des saints monastères sont présentement vénérées de la sorte ; le peuple fait jusqu'ici de pieux pèlerinages. Si je n'étais pas le gardien de ces objets, le chef spirituel de ce diocèse, un autre le serait à ma place. J'espère donc, avec l'aide de Dieu, disposer d'une manière plus religieuse que quiconque des fonds réalisés au moyen de cette fraude impie. »

## Lettres

### de CHARCOT, JULES CLARETIE, ALPHONSE DAUDET, H. FAYE, CH. GOUNOD, H. DE LAPOMMERAYE, DE QUATREFAGES, JEAN RICHEPIN, CHARLES RICHET, FRANCISQUE SARCEY, AURÉLIEN SCHOLL, JULES SIMON, E. MELCHIOR DE VOGUÉ, ÉMILE ZOLA

Je suis forcé de vous avouer que je ne trouve pas l'article de Tolstoï fort remarquable. C'est exagéré ; c'est faux par conséquent. L'alcool et le tabac peuvent nuire ; mais on peut en user modérément : il y a de cela de nombreux exemples. D'ailleurs, avant l'alcool et le tabac, il se passait dans le monde *des choses abominables*, et les mœurs se sont depuis leur intronisation, plutôt adoucies. Est-ce à dire que l'alcool et le tabac soient des moralisateurs ? En tout j'abomine les thèses excessives : je crois au bon sens, et je ne vois pas que dans la thèse qu'il soutient Tolstoï se conforme à ses décrets.

CHARCOT.

# I

Je vous félicite d'avoir traduit l'étude si importante du comte L. Tolstoï sur le *Vin et le Tabac*, et je vous remercie de m'avoir envoyé cette traduction que j'ai eu grand à plaisir à lire. Un travail de ce genre, signé d'un nom aussi illustre, mérite d'être placé à côté du curieux *Traité des excitants modernes* de Balzac. Vous connaissez certainement ces pages du maître de la *Comédie humaine*.

Il m'est assez difficile de vous répondre en ce qui touche à des observations personnelles. Je ne bois pas de spiritueux et je n'ai jamais fumé. Je n'ai pas besoin d'adjuvants à mon travail. Je crois bien que la fumée de la nicotine et les fumées de l'alcool sont, comme le dit Tolstoï, des endormeurs de la conscience. Mais il me semble que l'admirable romancier est un peu bien sévère et pour le vin et pour le tabac. Le vin est souvent un viatique et la cigarette une occupation. La bête fume, l'*autre* rêve et tout ne se termine pas toujours par le meurtre ou la folie.

Dans je ne sais quelle ordonnance, dont je pourrais retrouver la date, Louis XIV confond dans la même réprobation le jeu et le tabac.

Tolstoï ferait volontiers de même. Encore un coup, il ne m'appartient pas de décider s'il a tort ou raison. Je me récuse, n'étant, je vous le répète, ni buveur ni fumeur. Mais je me rappelle que Victor Hugo se félicitait, un jour, devant moi, non seulement de n'avoir jamais fumé mais de n'avoir pas bu, en quatre-vingts ans, la valeur d'un litre de spiritueux. De là peut-être sa robustesse admirable.

Il eût volontiers donné raison au comte Tolstoï.

Ce qui est certain, c'est que l'alcoolisme est une des grandes plaies modernes et qu'il faut lui faire une guerre acharnée. Les écrits pareils à celui de Léon Tolstoï sont d'excellents combats d'avant-poste. Mais pourquoi le romancier dit-il qu'à l'assaut de Sébastopol *tous les soldats* français étaient ivres ? L'affirmation est étrangement hasardée et l'héroïsme a d'autres causes que l'ébriété. Demandez à Bosquet ou à Totleben.

Jules Claretie.

Léon Tolstoï

## II

En réponse à votre question, laissez-moi vous, dire que décidément votre admirable Tolstoï a du mal de nos Tarasconnais : il voit tout plus grand que nature et, avec lui, il faut toujours mettre au point.

Eh ! oui, l'abus du tabac et de l'alcool est imbécile, mais n'empêche qu'après dîner rien n'est bon comme une bonne pipe coupée d'un ou deux petits verres d'excellente eau-de-vie. En ce qui me regarde, je n'ai jamais cherché et ne chercherai jamais dans l'alcool un adjuvant, un montant pour le travail ; jeune, quand il m'est arrivé de me griser, j'étais incapable d'écrire ou de concevoir une ligne. En revanche, j'ai fumé beaucoup en travaillant, et, plus je fumais, mieux je travaillais. Je ne me suis jamais aperçu que le tabac me fût nuisible et, par un bénéfice de nature, quand je ne me porte pas bien, l'odeur même d'une cigarette me devient odieuse.

Est-ce tout ? Ai-je répondu à ce que vous vouliez ? Je l'espère et me tiens dans tous les cas à votre disposition.

ALPHONSE DAUDET.

## III

J'ai lu avec intérêt votre excellent article sur les idées du comte Tolstoï. Elles me paraissent justes en ce qui concerne le vin et l'opium ; mais elles sont exagérées en ce qui concerne le tabac. Sauf les cas excessifs, pour l'immense majorité des fumeurs, le tabac n'est qu'une distraction et un apaisement momentané. L'homme est un animal qui s'ennuie. Il lui faut une distraction, et ce qu'il y a de curieux c'est que la fumée qu'il rend par la bouche, et qui s'élève en tournoyant, joue un rôle distractif plus grand que l'intoxication très faible qu'elle produit, car on ne fume jamais la nuit. C'est ainsi que les aveugles ne fument pas. Le vin au contraire, et l'opium donnent du couragemomentanément et finissent par rendre fou furieux, puis par déséquilibrer les mouvements en agissant sur le cervelet.

H. FAYE.

# IV

Vous me faites l'honneur de me demander mon opinion sur la très intéressante étude de l'illustre comte Tolstoï, relative à l'action que peut avoir l'usage du tabac sur les facultés intellectuelles et morales.

Je viens de lire cette noble étude avec la *respectueuse* attention que mérite et commande le nom respectable de l'auteur, et j'avoue en toute sincérité que je partage son opinion en tout ce qui concerne les facultés intellectuelles.

Je pense que l'usage du tabac produit un engourdissement des facultés en question ; que cet engourdissement est en raison de l'usage, et peut aller jusqu'à l'atrophie par l'abus.

Je ne suis pas aussi convaincu qu'il puisse aller jusqu'à l'oblitération de la*conscience*, dont le témoignage est trop éclatant pour subir aussi aisément une éclipse aussi fatale. Je dis la *conscience*, remarquez-le ; je ne dis pas la*volonté*. La conscience est une juridiction divine ; la volonté est une énergie humaine. Celle-ci peut être débilitée par les abus qui attaquent ses organes ; celle-là, au contraire, me semble au-dessus de toutes les atteintes, parce qu'elle créée la *responsabilité*, en dehors de laquelle l'homme cesse d'être justiciable.

J'ai beaucoup fumé ; je ne me rappelle pas que cela ait jamais modifié le*jugement* de ma conscience sur la *moralité* de mes actes.

Cʜ. Gᴏᴜɴᴏᴅ.

# V

Vous me faites l'honneur de me demander mon opinion sur la thèse soutenue par le comte Léon Tolstoï au sujet de la consommation des excitants et des narcotiques.

La note ajoutée à la fin de l'étude de Tolstoï par M. Charles Richet me met à l'aise pour formuler mon opinion : Tolstoï soutient un paradoxe.[1]

---

1 M. Charles Richet, directeur de la *Revue scientifique*, avait reproduit dans sa revue l'article de Tolstoï sur « l'Alcool et le Tabac » en l'accompagnant d'une courte

Dans tout paradoxe il y a une portion de vérité.

Il est évident que l'homme trouve trop souvent dans l'alcool, par exemple, ou une excitation au crime, ou l'oubli de ses remords ; mais, de ce fait très connu, très simple à observer, très facile à expliquer, conclure que chaque fois qu'on fume une cigarette ou qu'on boit un petit verre d'eau-de-vie, ou même un verre de vin, c'est « pour se dissimuler à soi-même les manifestations de la conscience », il y a là, ce me semble, un paradoxe énorme.

Vous souhaitez mon avis, non un débat qui nécessiterait trop de développement ; je m'en tiens donc là sur ce premier point.

Mais vous me demandez aussi de vous faire connaître les résultats de ma propre expérience.

Sur ce second point je distingue ; je ne fume pas. Voilà donc une série d'observations qui me manque.

Quant à la boisson… — décidément vous me forcez à m'attribuer publiquement bien des vertus ! — je suis très sobre ; mais, certes, j'ai bu nombre de verres de vin et quelques petits verres d'eau-de-vie, et du diable, si j'ai jamais pensé, ce faisant, « à me dissimuler les manifestations de ma conscience ».

Je viens encore, sur votre appel, de descendre jusqu'au plus profond de moi-même et, — sans doute je manque d'esprit philosophique ! — il m'a été impossible de saisir le moindre rapport entre l'absorption d'un verre de vin et « les manifestations de ma conscience ».

J'accorde seulement que nous avons tort de faire une chose peut-être inutile, souvent nuisible, mais pour arriver à cette conclusion il suffit tout simplement de connaître les lois de l'hygiène.

Henri de Lapommeraye.

## VI

Je vous remercie de votre envoi. J'ai relu attentivement l'article de Tolstoï qui m'avait déjà intéressé. J'aurais bien des choses à dire à ce sujet. Mais je suis trop occupé pour aborder les questions mul-

---

remarque. C'est à cette remarque que M. de Lapommeraye fait ici (et plus loin M. de Quatrefages) allusion.

tiples soulevées par l'éminent écrivain ou pour discuter sa théorie générale.

En somme, M. Richet me semble l'avoir parfaitement caractérisée, en lui appliquant l'épithète de paradoxale. Ce n'est en effet qu'un paradoxe, ayant pour base la confusion de deux choses bien distinctes, l'*usage rationnel* et l'*abus exagéré*. Or, en rayonnant à la manière du romancier-philosophe russe, il serait aisé de soutenir qu'il n'y a absolument rien de *sain* et de *bon* dans ce monde.

Telle est ma réponse à votre question ; et, n'étant ni buveur ni fumeur, j'ai lieu de penser que mon jugement est vraiment impartial.

De Quatrefages.

## VII

J'ai pris le plus vif intérêt à l'étude de Tolstoï sur les excitants et les narcotiques ; mais je n'y souscris pas pleinement. Il me semble exagéré et exclusif, en attribuant l'habitude de s'intoxiquer au seul désir d'étouffer la conscience morale. Je crois qu'on y cherche avant tout un moyen d'évasion hors de la conscience, sans épithète, j'entends la simple conscience du moi. En l'état d'ivresse, de griserie, de rêverie, ainsi obtenu, c'est l'être instinctif, inconscient, qui domine. Mais est-il forcément immoral ? À mon humble avis, il est seulement amoral (a *privatif*), bon ou mauvais selon sa nature, mais sans parti pris pour ou contre. La grande jouissance qu'on éprouve alors est surtout d'essence nirvânique. Que l'abus de cette jouissance émousse à la longue la volonté et même l'activité, cela va de soi ; et ici je rentre d'accord avec Tolstoï en jugeant cet abus déplorable pour la vitalité de l'individu et de la race. Mais j'estime que l'individu et la race, s'ils sont forts, peuvent sans inconvénient se permettre ces fugitives escapades dans l'anéantissement du moi, et même, loin de s'y affaiblir, y puiser une sorte de fortifiant, comme dans un sommeil d'oubli momentané, d'où l'on se réveille avec un goût plus vif et un désir plus aigu d'énergie consciente et volontaire.

Jean Richepin.

Léon Tolstoï

# VIII

Dans la pénétrante analyse que donne Tolstoï, il y a assurément beaucoup de remarques exactes et profondes ; mais aussi peut-être un peu d'exagération. On nous permettra d'insister plus sur les exagérations que sur les points de vue judicieux et exacts.

D'après Tolstoï, si l'on se met à fumer, c'est pour étourdir la conscience, pour diminuer le sentiment de sa responsabilité. C'est là une remarque très juste si l'on donne au mot conscience un sens un peu différent. Ce n'est pas parce qu'on a commis une mauvaise action qu'on fume, c'est pour amener un certain état d'engourdissement ou d'insensibilité de manière à diminuer la notion du présent. Le présent est souvent peu agréable, non pas seulement au point de vue moral, mais surtout au point de vue physique, physiologique. Une gène vague, un sentiment confus de pesanteur, de *mal être*, apparaît et d'une manière pénible (par exemple après les repas, après le sommeil ou avant le sommeil, ou avant les repas, etc.) et c'est pour obscurcir ce sentiment, pour engourdir la sensibilité que l'on fume.

Ainsi ce n'est pas pour engourdir la conscience dans le sens moral du mot ; c'est pour engourdir la conscience dans le sens physiologique. La conscience étant le résultat de toutes ces sensations diffuses qui, de la périphérie, remontent au centre.

Cela est vrai à l'origine ; mais, de fait, dans la pratique, on fume pour une tout autre cause. C'est parce qu'on a l'*habitude* de fumer. C'est devenu une stimulation ou plutôt un engourdissement nécessaire. Mais je ne crois pas que le tabac ait la moindre action sur les phénomènes de l'intelligence. Ce n'est pas un poison psychique et il n'agit sur l'intelligence qu'indirectement : parce qu'il émousse la sensibilité de nos organes en laissant peut-être plus de liberté à l'évolution des fonctions psychiques.

Cela n'empêche pas que ce soit un poison et, comme l'alcool, quoique à un moindre degré, un poison redoutable. Mais la condition humaine, — chose digne de remarque, — est assez misérable pour que, partout et toujours, l'homme ait éprouvé le besoin de stupéfier ou de stimuler son intelligence par des moyens factices ; que ce soit par l'opium, le hachich, le coca, le tabac ou l'alcool. Il vaudrait mieux s'en priver, cela n'est pas douteux, et tout le monde, je pense, sera d'accord avec Tolstoï en disant qu'un des progrès futurs de nos civilisations sera de supprimer ces empoisonnements.

CH. RICHET.

## IX

Je ne puis vous donner aucun renseignement personnel. Je me suis toute ma vie rigoureusement interdit tous les narcotiques, tous les stupéfiants. Je ne fume pas, je ne bois pas d'eau-de-vie, ni de liqueurs, ni d'éther, ni de morphine.

J'attribue à cette abstention la santé dont je jouis à mon âge, malgré un travail enragé, malgré une assez mauvaise hygiène, car je marche peu et passe toutes mes soirées, sans exception, dans l'air vicié du théâtre.

FRANCISQUE SAUCKY.

## X

Je m'aperçois après avoir commencé le commentaire demandé, que pour répondre sérieusement et convenablement à l'étude de Tolstoï, il ne faudrait pas moins de deux jours de travail ; deux jours, c'est-à-dire huit heures.

Or, mes occupations d'une part, ma vue à ménager de l'autre, m'interdisent cette application.

Le tabac poussant au crime ! Et il n'y a pas d'exemple d'un crime commis la pipe ou le cigare à la bouche.

Entre nous, je crois que Tolstoï (dernière période) ayant pris la résolution de s'obtenir de spiritueux et de tabac, a écrit le morceau pour se persuader lui-même et se fortifier dans sa conscience.

AURÉLIEN SCHOLL.

## XI

Léon Tolstoï

Je suis grand ennemi de l'alcool qui est plus dangereux que la peste, puisque c'est une peste perpétuelle. Tolstoï, tout grand qu'il est, ne peut pas augmenter l'énergie de ma réprobation. Il gagnera peut-être quelques pestiférés à ses convictions, et ce sera un chef-d'œuvre digne de lui. Je doute qu'il convertisse personne à sa pratique.

Jules Simon

## XII

Vous m'excuserez si je refuse de me prononcer sur un sujet où je n'ai aucune compétence. Pour contrôler les dires de Tolstoï, il faudrait des connaissances physiologiques approfondies et de nombreuses expériences comparées ; je n'ai que mon expérience personnelle. Il m'est difficile de travailler sans fumer. Quand je ressens un malaise qui provient peut-être du tabac, je consulte un médecin ; si ce médecin ne fume pas, il accuse la cigarette ; s'il fume, il attribue le malaise à d'autres causes ; et ce dernier avis me parait le meilleur, parce qu'il ne contrarie pas mes habitudes.

E. Melchior de Vogué.

## XIII

Je ne fume plus et je ne bois plus de vin. Mais je ne me crois pas devenu sage pour cela, car je ne suis ainsi tempérant que par raison de santé.

Ce serait vraiment dramatiser les choses que de penser, avec Tolstoï, que l'homme va d'instinct au tabac et à l'alcool, pour le besoin d'endormir sa conscience, devant le péché fatal. J'estime que le vice a plus de bêtise et de bonhomie. On boit sûrement pour le plaisir, on fume d'abord par ostentation, ensuite par habitude. Eh ! mon Dieu ! pourquoi ne pas laisser ce plaisir et cette habitude à ceux qui n'en souffrent pas ?

Émile Zola.

ISBN : 978-1532970283

www.ingramcontent.com/pod-product-compliance
Lightning Source LLC
Chambersburg PA
CBHW062017280526
45787CB00005B/2130

* 9 781532 970283 *